ヨベル新書
094

渡辺善太著作選 15

善太先生「教会と政治」を語る

聖書による第三の立場

YOBEL,Inc.

八十を越して
四年の昨夜《ゆうべ》まで
聖書の夢に
憑《つ》かれたる俺《おれ》

凡例等

＊本書は、『教会と政治』（一九七〇年一月　キリスト新聞社刊）を『善太先生「教会と政治」を語る』と改題し、あきらかな誤植等を修正して刊行。

＊参照される聖句に関しては、可能な限り（　）内に聖書本文を割注で記載した。

　例：（ヨハネ三・八「風は思いのままに吹く。あなたはその音を聞いても、それがどこから来て、どこへ行くかを知らない。」）

＊分かりにくい文語訳聖書箇所は新共同訳及び口語訳にて（　）内に表示した。もしくは、新共同訳本文に変更した。

　例：「今この世の審判《さばき》は来れり、今この世の君は逐《お》ひ出《いだ》さるべし」

↓（「今こそ、この世が裁かれる時。今、この世の支配者が追放される。」）

↓「今こそ、この世が裁かれる時。今、この世の支配者が追放される。」

＊引用文献の発行年はすべて西暦に統一しました。

　例：（勁草書房版、昭和四十一年）↓（勁草書房版、一九六六年）

＊不快語などがある場合は、本文のままとさせていただきました。

善太先生「教会と政治」を語る

目次

善太先生「教会と政治」を語る

書評再録：『著作選14巻　善太先生「聖霊論」を語る』　辻　哲子氏

教会と政治
――聖書による第三の立場――

教会と政治
――聖書による第三の立場――

本書は、「聖書をキリスト教会の正典として信ずる立場」において書かれたものである。したがって、これ以外の立場から――すなわち聖書を文献として見る立場から――「政教」関係について論じられるということは当然あるべきであるし、またありうることであるし、さらにその立場からこの関係を論じたものも非常に多く書かれている。しかし、ここにいう「正典的立場」に立つ限り、この関係に関しては、本書の主張が、他の二つの立場――いわゆる教会的立場と社会的立場――が解明することのできない重大な一点を提出しているということ、さらに、その意味においてこの第三の立場は正しい立場だという信念において書かれたものである。そしてわが日本における教会の現状からみて、この立場と信仰から書かれることの、重要なるを確信して書かれたものである。

本書が提出している一つの点がもっている根源的問題性については、本書「第一」の巻末にのべられているから、それについて見ていただきたい。

この意味において本書は書かれたものだから、本書の主張に対する反論は、聖書を正典として見た上で、書かれた反論でない限り、本書の著者に対しては、何の力をもつものではなく、また、本書の著者はそれに対して答えるべき責任を感ずるものではないということを、まずここではっきりしるしておく。

もちろん前述の反論が、聖書なる書物は教会の「正典」ではないという立場において論じられるものであれば、本書の著者は、それに対して、答える責任をもつということをも併せてのべておく。

しかし前述のごとく言うのは、正典的立場以外の種々の立場から、この問題に関してのべてはいけないということを言うのではない。本書の著者といえども今後、純粋に歴史的批評的立場に立って、この問題を論ずることがないと明言することはできない。否、多分あるであろうと思う。ついでに、この問題に関してしるされた書物は非常に多くあることをつけ加えておく。邦語では、相沢久著『現代国家における宗教と政治』(勁草書房版、一九六六年)などにきわめて広範にわたり、かつ親切にのべられているし、また教会人の書いたものに対しては、本書中の、それぞれ関係する部分において言及してある。また外国語で書かれたキリスト教界のそれとしては——無数といってよいほどあるが——本書の著者が大変よいと思ったのは次の書である。

Kirche und Staat, Festschrift für Bischof D. Hermann Kunst, hrsggbn, von Kurt Aland und Wilhelm

Schneemelcher, 1967.

そんな意味で、本書は「正典的立場」に立つ限り、本書の主張が正しいという信念において書かれたものであることを、くり返してのべておく。こういうと非常に学的に僭越であるとのそしりを受けるかもしれない。しかし本書の著者は、キリスト者がひと度び信仰において語る場合、かくのごとき確信において語ることこそ、正しい態度だと過去六十五年間信じてきた。ゆえに、それに対してどんな非難が起ころうと、著者はあえてそれに直面しようと思う。

以上のようなことは、一つ書物を書く場合、「序文」にしるすのが常識となっているが、事が重大なだけに、その常識に反して、本書の冒頭にしるす次第である。

緒言

（1） 現代日本の教会における二つの相反的立場

今日の日本におけるキリスト教会は、一つの点において、その全体が真二つに割れている。その一つの点とは、「政教」つまり教会と政治との関係についてである。この点が「聖書的にかつ神学的に」解明されないかぎり、教会はその宣教的使命の何たるかを明瞭にすることができず、また国家の政治そのものも、宗教の介入によって、それ自身が害されるという危険がある。したがって、この点についてはまず教会の側で、その福音宣教の使命を本質的に理解し、これを神学的聖書学的に解明することが、何よりも重要であるとともに、それは教会の責任である。

今日教会を分裂させているこの点に関して、その分裂の一方は、これを福音宣教「のみ」をその使命なりとし、その意味において、政治に対する教会の介入はもちろん、その発言すらも邪道中の邪道なりとしている。これは普通「政教分離論」と呼ばれている。そして、これを明瞭に「軍律」として打ち出しているのが――これは厳密の意味で教会とは言えないが、その代表的実例としてあげておく――救世軍で、この他極右的と言われる多くの教派がこれに属している。

分裂の他の一つは、いわゆる「社会派」で、教会の福音宣教と政治的発言とを、「同次元」におけるその使命と考えている一派である。これは近時ますます強く唱えられてきた一つの教会的主張で、必ずしも極左的とは言わないが、それに間接に影響されているのではないかと思われるある種の人々が主となっている主張である。これを堂々と、その機関新聞の第一頁にのべている教派さえある。この分裂が単に分裂としてとどまっているうちはよいが、一方が他方を排除しようとする態度をとるようになると、キリスト教全体としては大きな損失となる。例えば、かつて日本伝道に来たビリー・グラハム伝道に対し、その教派名を名のらない一つの「会」が、「グラハムの政治的発言がまちがっている」とか、「グラハムのキリスト教理解がまちがっている」とか言って、この伝道に反対の声明を出したり、またはその大会に反対のビラをまいたりした。またそれほどではなかったが、一つの大教派は、「グラハム伝道に積極的に反対はしないが、しかし自己の教団としては、これを援けることはせず、ただ所属の各個教会の個々の判断にまかせる」という通達を出したりした。もちろん古くから、日本のプロテスタントのある教派が、いわゆる大衆伝道に対して、こんな態度をとったことがあったが、しかし上記のような教派的通達として、公にこれをのべたものは――私の記憶しているかぎりでは――なかったと思う。

(2) 政教分離と政教一致両立場の実際的困難

次に順序として、前述のこの問題に関する二つの立場――「政教分離」のそれと「政教一致」

のそれに対する、「実際的困難」・「実践的難点」を簡単にあげておこう。言うまでもなく、この問題は、理論のための理論ではなくして、理論としても教会員全体に指針を与え、それによって、日本のキリスト者がこの問題に対する決断をなしうるようにするという「実践的重要性」を示そうとするのが、その目標であるべきだからである。

まず一方の「政教分離」、またはいわゆる「教会派」に関する難点についてのべよう。この立場は「教会の使命は福音宣教のみ」なりとする。そしてそれだけである。だが、今日の世界に生きるキリスト者は、そして日本のわれらは、時代の問題ごとに、政治的社会的経済的等々の諸問題に直面し、自己の信仰の立場からこれに対する決断をしなければならない。だからこの第一の立場に対して、どうしても「では、それから?」と問わざるをえなくなる。ところがこの立場はこれに対して――少なくとも公的には答えてくれない。あるいは答えられないのかもしれない。それだけでなく、私的にはこれを主張する人々も、前述の現時の諸問題に関し、その教会員に対して、チョクチョク発言をしているようだし、時としては「指図がましき」話しさえするように聞いている。私はこの立場の人々の「教会における福音の純粋性」を保とうとする熱情と信仰とには、十分以上の尊敬を感ずる。しかし、現時の諸問題に対してある答えが与えられないのでは、第二の「政教一致」の立場の人々から非難されても、仕方がないように感じられる。

さらにこの立場に対して、実際的な難点がある。教会の会員といえども、日本という国家の中の一員である。したがって、そのすべての選挙にさいして、必ず一票を投じなければならない。投じなければ非国民となり、新約聖書の教えにも悖《もと》ることとなる（ローマ一三・一以下「人は皆、上に立つ権威に従うべきです。神に由来しない権威はなく、今ある権威はすべて神によって立てられたものだからです。従って、権威に逆らう者は、神の定めに背くことになり、背く者は自分の身に裁きを招くでしょう。」、Iペトロ二・一三以下、テトス三・一、Iテモテ二・一）。反対に一票を投ずることになれば、そこで「政治に参与」することになる。これに対して、この立場は、何ら指示を与えることもできないし――もちろんこれを与えるとすればその立場はくずれる――またそれだけでなく、何らの関係をももちえない。指示を与えることのできないのは、当然としても、少なくともそれと何らかの「関係」をもちえないでは、キリスト教なるものが、日本人の実際生活に対して、関係をもちえないということになる。それでは前掲の新約聖書の諸表現（ローマ一三・一以下、Iテモテ二・一―三「そこで、まず第一に勧めます。願いと祈りと執り成しと感謝とをすべての人々のためにささげなさい。王たちやすべての高官のためにもささげなさい。わたしたちが常に信心と品位を保ち、平穏で落ち着いた生活を送るためです。これは、わたしたちの救い主である神の御前に良いことであり、喜ばれることです。」、三・一以下、Iペトロ二・一三以下など）に対する「積極的」服従がなされないことになる。それではこまる。

また他方「政教一致」または「社会派」に対しても、実践的難点がある。これに対して、私はある教団の機関紙の「社説」をもっているが、最も具体的にして教会的かつ牧会的な一点において、その「難点」を見ている。というのは、いずれの教会の教職も、わが日本においては、その準備機関として六か年の神学大学在学を要請しているが――それより短期間のものはいうに及ばず――その間その学生が学ばせられる専門の学としては、神学一般にわたるものだけで、政治に関する講義は、その教養学科において――あったとしても週二時間くらいのものである。もちろん欧米の大学の一学部では、またはそれと直接連絡のある神学校では、選択課目として堂々たる政治学の講義がきける。だが、わが国においてはそんな可能性をもっている神学校は、きわめて稀である。そんな事情で、その専門の神学方面においてすら、きわめて不十分な教育しかうけていない教職が、教会の高壇から、政教一致的立場で、政治について発言したら、どんなことになるだろうか？　そこで語られるこの点に関する発言は、たかだか一、二冊の政治に関する書物を読んだくらいの基礎でしか語られないであろう。たかだかそれは何《なに》かからの、そして何政党からの「受け売り」、または「二番煎じ」でしかない。考えても寒心のいたりである。

それともこの立場をとる教派では、神学校において、神学一般と平行して、政治学一般の教課を置こうというのであろうか？　神学だけでも、現状では十分の教育ができないと言われているのに、こんな併列的教育をしたら、六か年ぐらいでは足りるものではない。私のこの提言に対しては実際が証明してくれると思う。アチコチの教会で、高壇からそんなことが語られ、それを聞かされる会員で、政治的方面の学的準備のある人々は、これを実に「たまらない、聞くにたえない」と不満をのべていることを伝え聞いている。中にはそんなことを聞くのはイヤだからといって、転会する人々さえも出ている。

さらに言うべきことは、この二つの立場のいずれも聖書的でない——聖書的には誤謬に陥っていると言わなければならない。次にその点についてのべていこう。

ここで、この「政教一致」論に対して、一人の哲学者の言葉を引用したいと思う。この人は、「教団や教会の世俗的な活動は、二重性をまとっている」と、まずその性格をのべ、そして「宗教は、その固有な本質と魂の王座をみずから喪失すればするほど、世俗の諸力と競いあって、それと同一次元に覇権をうちたてようとすることもある……生活における宗教の意義は、単にその見える社会現象としての教団・教派的な活動の外観にしたがって問わるべきではなく、むしろそれが人間の内面を霊化する見えざる活力となりえているかどうかにしたがって、問わるべきである」と言っている（信太正三『宗教的危機と実存』理想社、一九六三年、八頁）。

この言葉は一局外者の宗教哲学的発言として、われわれ教会人に、反省と自戒を求める言葉として、傾聴すべきだと思う。

（3）現代教会におけるこの問題に関する新志向

以上の点について、最近ある新進の牧師が、「福音への不幸な対立」と題した一論文を、読売新聞に寄せた（一九六七年十一月五日朝刊）。この人はいずれの意味でも、前記の極右的立場に属するなどとは全然見えない人だが、なおかつそこに、「この対立はきわめて不幸なことといわねばならない……これは……キリスト教のみならず、すべての宗教に、現代および世界が求めているものであるからである。二つのものの何れかを欠いている宗教は、必ずある社会的・政治的イデオロギーに奉仕するものとはなっても、イデオロギーの対立を超えた救いを求めている、民衆に対する宗教とはなりえないであろう」と論じ、そしてさらに、「魂に平和をもたらさない宗教は、無用の長物であり、社会の不義不正とたたかわない宗教は、有害無益である」と論じている。これは正論である。しかし、これではまだ「政教関係」を明らかにしていないので、「舌足らず」の感がある。現時点においては、この点を言うだけでなく、この両者の「関係如何」を積極的にのべないかぎり、あまり参考にはならない。

著者が不思議に思うことは、従来わが国に広義の神学者の間に、この「政教」問題について記しているものの中に、この「関係」を神学的に明瞭に解明したものが、ほとんどないということである。しかし、くだらない一元論や二元論の多いなかに、関西学院の松木治三郎教授の書いたもの（『新約聖書における宗教と政治』一九四八年）と、東京神学大学の北森嘉蔵教授のもの（『救済の論理』五・六章、一九六一年）とがある。前者は戦後いち早く、この問題の重要性を感じた結果しるされた労作で、この問題に関する新約聖書の内容を聖書学的に配列したものだが、その結論が神学的には非常に弱く、かつ舌足らずだというので、一般的にはあまり問題を惹起しなかった。しかし一般的にこれが問題となっていなかった当時、この研究を発表したことには、先駆的意義のあることが、認められなければならない。

後者（北森教授）の主張は、弁証法的にのべられているので、この論理になれない人には、「じゃ、どうしたらいいんだ？」という疑問と嘆息とが出ると思う。この教授の主張を少し長いが、次に引用する。

「しかしここに全く異なる様相をもつものが一つとりのこされる。それがすなわち政治である。福音にとっての他者たる一般的世界が、政治として現われるとき、はじめて福音はたんに『友』としての他者でなく、まさに『敵』となりうる他者を相手とするにいたる」と、まずこの福音と世界との関係を概説し、その両者の関係を直截に語っている。そしてその政治が聖書中に「神をけがす『獣』として描かれている」ことをのべ、「しかも福音にとっての根本的の問題は、この政治との接渉が、不可避的必然的となる場を要求させざるをえぬ点に存する。そしてこの問題は、神学が未だかつて明快な解決を与えてこなかった問題であり、歴史上にも未だ既成の事象として現われていない問題である。教会と神学とは、信仰者の課題を解くべく、ここに前人未到の難問題に逢着せしめられたといわねばならぬ……それでは政治の問題が、

（教会に対して）不可避的必然的な接渉をもつにいたる理由はどこにあるであろうか？」と、この関係の問題性と、これに対する教会および神学者の責任を問うている（一三〇頁）。

さらに北森教授はつづけて言う。福音は「おのれの如く隣人を愛せよ」および同形の教えを与えている。これが実践されることは願わしい。しかしこれが実践された結果、この教えの対象たる「飢えたる者」等々は、少しも減ることなく、次から次へと生みだされてゆく。したがってそれを生み出す社会機構そのものが放置されているかぎり、この教えの実践は実を結ぶことはできない。しかもキリスト者のこの実践によって、かえってその社会機構の矛盾そのものが、温存される結果となる。では「単なる社会の救済から、社会の変革へ展開せしめる契機は何であるか」と問い、その答えとして、「それがすなわち政治に他ならない」と、いわゆるキリスト教社会事業が、動機としては正しいが、方法としては不完全であり、不十分であり、否、それでは駄目だと論ずる（一二二頁）。

この論理は日本の進んだ「社会政治的立場」をとる人々により、かなり古くから用いられたもので、その実例としては、社会的キリスト教の人々や、ＳＣＭ（学生キリスト教運動 Student Christian Movement）の若い指導者たちによって、大声で叫ばれたものである。私などがその時分よく聞かされた実例がある——一つの公道に不幸にして崖《がけ》があった。そこから落ちて死ぬ人々が、一年にかなりの数になった。

これをキリスト教会が、一生けんめいで助けて医療を加えた。だが、それによって落ちる人々は少しも減らなかった。結局問題は、その崖そのものをこわして、平坦にするということが、この人々を救う唯一の道だというのであった。ここにキリスト教の社会事業が――教会の世界に対する態度が、単に「救済事業」ではどうにもならない時がきたというわけであった。

北森教授はさらにつづけて言う。では福音信仰はこの実践の必然的契機としての「政治」を、「直接的に自己の中から生み出すことができるだろうか?」と問い、そしてそれは、「できない」と答える。なぜかというと、「政治は必然的に権力意志と結びつくからで、権力意志と結びつかない政治は存在しえない」からだという。そしてさらに、「教会と政治との間には、徹底的な断絶がなければばならない。たとえキリスト教政党なるものがあるとしても、それが固有の意味における、本格的な政治をなしうるものであるなら、それは問題性の中に陥没しているので、断じてキリスト教と直結しているものであることはできない」と(一三二―三頁)。

ここで教授の論理は弁証法的になってくる。「しかも福音信仰は、このように断絶せる政治を自己の不可避的必然的思考を媒介とせずしては、実践的となりえないところに、今日の全く新しい問題性が存在する。教会は政治から超越しながら、しかもこの政治と連帯的にならなければならないのである。これが両者のもつ第二の関係である」と論じ、ここで教授はさらに重要なテーゼをのべている。これこそ今日の教会が謹聴すべき、そして自己反省を要請されるテーゼである。すなわち「教会は教会としては、あくまで政治から超越しておりながら、その教会の中なる信仰者をして、各自の自由な責任的決断において、政治と連結せしめることを意味する。したがって教会は、決して一定の政治的立場と直結しない」、これがこのテーゼである（一三二―四頁）。教授の属する日本基督《キリスト》教団が「安保反対」などを叫ぶことは、このテーゼの前に恥じなければならないような感がする。

教授はさらに進んで、「これが『断絶しながら連結する』という事態の具体相である」と、弁証法神学が、わが国に唱道されるとともに、そこで流行になってきた、「連続・非連続」という論理が、ここで全面に遠慮なく顔を出している。

以上、北森教授の所説を私が長々と引用したのは、私の言わんとしている点を、教授の文章が代弁していてくれるからである。

ところが、この北森教授が牧している教会の長老で、東京大学のその方面の学者である、隅谷三喜男《みきお》教授（1916 - 2003）が、上述の点について、短い文章においてではあるが、明快なテーゼを出している。私はここで、この書（『日本社会とキリスト教』東京大学出版会、一九五九年）に対して申しわけのないことをしたことを告白する。この書を私はかなり前に買ったのだが、それを通読しないですてておいた。そして最近三、四か月前（昭和四三、一九六八年後半）これを通読して、次の文章を発見した。

「教会は社会の中で、社会生活の諸問題に対し、どのように対処すべきか。教会の行動と教会員の行動とを区別すべきこと、社会科学的知識を尊重すべきこと」というテーゼがそれである（一一九頁）。これにつづいて教授は、「等々一般的な在り方は次第に承認されてきてはいるが」と言っているが、実際はそうではない。そうでないからこそ、今日の問題が発生したのだし、また教会が混迷しているのである。

私は今恐れているが、教授が簡単な言葉でのべているこの短い表現を、私流に解釈し過ぎているのではないかと？　それに教授はその説明を——この「区別する」という点を、くわしく説明していないので、なおさら私のこの恐れが感じられる。もちろん、教授はこれに先行して、「教会は今日聖書の個人主義的解釈を超えて、その社会倫理をあきらかにせねばならない……この点への反省が教会の社会的前進のために不可欠である」と言い、さらに「日本のキリスト者は、今日、労働組合運動の中でどう身を処したらよいか、政治問題に対してどう発言したらよいかに悩んでいるのであるが、それはこの問題が明確にされていないからである」と言っている。これでみると、これらのことがどうも教会の仕事であるかのように読めるが、だとすると、前述の「教会の行動と教会員の行動とを区別すべきこと」という言葉が、ますます教会の責任を重んじている。だが、教会は前述のようにこれを解明していないのである。

あるいはこれは、これらの点の「理論的神学的聖書的解明」のみが教会の「行動」で、その「実践的行動」が教会員のそれとすべきだ、という意味であろうか？　この点でどうもこの二点には、もう少し進んだ説明がほしかったと感ずる。前に引用した北森教授の弁証法的表現中の「要するに福音と政治との関係において、第一にいわれなければならぬことは、両者の断絶である。したがって教会は一切の政治から超越している」という言葉との関係で、これが解明されたらよかったと感じさせられてならない（前掲書一三三頁）。もちろん、この隅谷教授の書はその初版が、約十五年前で、まだこの問題が熾烈《しれつ》になっていなかった当時のものだから、私が今言っているようなことを言うのは、無理なことだと感じられなくもない。

とにかく、この東京大学の一教授が、「教会の行動と教会員の行動とを区別する」と言っていることを、もし私が、この一文（今書いているこの文）を、この題名で『キリスト新聞』紙上に（一九六八年クリスマス号）寄稿したとき知っていたら、そしてそれを引用したら、私の主張に対する社会科学者の側からの「援護射撃」としてきわめて有効だったと思う。これを知らなかったことは返すがえすも残念である。

これら一切を超えて、隅谷教授のこの発言は、私のここに言う「政教関係に関する第三の立場」の必要を、一文章でのべたものということができる。私はこの立場を銀座教会の高壇から過去二十二年間説き、かつ主張してきた。そしてそれを今あらためて、この形で——前述の『キリスト新聞』への寄稿以来、その正しい理解が得られなかったので——発表するわけである。

第一　政教関係の第三の立場の聖書的解明

本書の問題に対する「具体的」な答えは前述し、かつこれを――求めてもそこになければ仕方がないが、あるとすれば――「聖書に」求めなければならないと言った。言うまでもないが、それは聖書を「教会の正典」として、信仰告白にのべている「教会に対して」言われることで、外の世界に対して言われることではない。

したがってわれわれの次の問いは、この点に関して、教会の正典たる「聖書」は、われわれに何を教えているか、という問いに進むことになる。この問いは二つに分けられる。一つは、聖書は政治的・社会的・経済的な面に対して、教会がそれを具体的に教えるべきであるか、あるいは教えてはいけないか、という実際的でしかも聖書学的な「問い」となるし、他は、もしそれが教えられてもいないし、また教えてはならないものとすれば、聖書は何ゆえこの問いに対して、そういう否定的な答えを与えるのか？　という「問い」となり、次いで「ではキリスト者はそれについて、どうしたらよいのか」という「問い」とならざるを得ない。

一　聖書における「悪霊観」の発達

――教会の敵・宇宙ことに人間世界を頽落《たいらく》させたもの――

本書の問題を、聖書的に基礎づけ、解明するにあたり、まず最初にこの主題をとりあげ、全体の論述の基礎とし、準備としたいと思う。

聖書全体の——旧新両約とも——神学的発展を見るとき、そこには神とキリスト「対」悪霊の闘争だという感じをもたせられる。この「悪霊」という表現は、今日の歴史的研究に親しんだ人々には、神話的にひびくであろうし、またそう理解されていると思う。しかし、根源的宇宙的「悪」の問題を考えるとき、これを「悪霊」と言わないで、現代的表現を用いれば、その表現によって、言語的牽引力による知的誘惑によって、いつか論述が聖書的本質を離れ、いわゆる現代的なそれに引きずられることを、私は六五年間の、聖書に親しんだ経験と、その立場から、私の知る限りの聖書学者及び神学者の間に、この事実の見られるということを実感してきた。私自身がこれに陥らないように、神話的だという批評や非難を覚悟した上で、この表現を用いることにした。

旧新約聖書を概観する者が、必ず気づかせられることは、聖書においては、その始点・中点およびその終点において、この悪霊に関する事実を必ず見せられる。

まず天地創造の表現において、そこには神話的の「混沌」——原海洋——すなわち「トウフウ」（テホム）のあったこと、次には人間の堕落がそれだとはしるされていないが、少なくとも、それを考えないでは理解に苦しむような、人間を誘惑した「蛇」の記録がある。旧約聖書のなかば頃、あるいは新約聖書の初めには、神の子として人間として受肉し給うたイエスに対してこの悪霊が働いたことは、「荒野の誘惑」としてのべられ（共観福音書の冒頭）、かつイエスのわたされ給う直前、ヨハネ福音書によると、彼が「今この世の審判《さばき》は来れり、今この世の君は逐《お》ひ出《いだ》さるべし」（ヨハネ一二・三一「今こそ、この世が裁かれる時。今、この世の支配者が追放される。」）と、この悪霊の宇宙的力の崩壊を予見し給うたことがしるされている。そして終わりには、ヨハネ黙示録において「龍・悪魔・サタン・古き蛇」が「火と硫黄との池」に投げ入れられて、滅ぼされるということがしるされている（二〇・一〇）。

くり返して言うが、これによっても、聖書の中心的課題が、神（キリスト）と、この悪霊との「闘争」たることが知られる――しかしもちろんこの両者は、対等の位置において戦ったのではないことは、ここに改めてのべるまでもない。

問題を明瞭にするために、まずこの点を結論的にそして端的にのべておく必要がある。これこそ、実にエフェソ書のいう「悪魔の術《てだて》に向ひて立ち得んために、神の武具をもて鎧《よろ》ふべし。我らは血肉と戦ふにあらず、政治《まつりごと》・権威、この世の暗黒《くらき》を掌《つかさ》どるもの、天の処にある悪の霊と戦ふなり。この故に神の武具を執《と》れ、汝ら悪しき日に遭《あ》ひて、仇に立ち向ひ、凡てのことを成就して立ち得んためなり。……この他なほ信仰の盾を執れ、之をもて悪しき者の凡ての火矢を消すことを得ん。また救の冑《かぶと》および御霊の剣、すなはち神の言を執《と》れ」（六・一一―一七）と言われている闘争の相手たる「悪霊」である。

私はこれを他の関係において、個人救済と世界救済とを含む悪霊との戦いを「教会の宣教の両極作戦」としてのべた（『聖書的説教とは？』一九六八年、日本基督教団出版局、二七五頁以下、『渡辺善太著作選11巻』ヨベル、二〇一四年、二九三頁以下）。この両極の一方、「世界をつかさどっている悪霊打倒」が今日までプロテスタント教会の宣教に十分に広くは自覚されず、または閑却されてきたことこそ、今日の教会の最大問題であるとのべておいた。そして、これこそ「キリスト教会は個人救済」のみに集中し、世界救済ひいては社会的問題を閑却していると自己もそう思い、また外からもそう批判されてきた点で、それへの防御で日を暮してきた。そしてこれこそ今日の教会が再認識し、堂々とその高壇から、「私が今させられている説教は、この両極作戦を目標としている」という自覚において語られるべきだと言った。

この個人キリスト者が現世界において生きるとき、この「悪霊の支配下にある」ということと、その悪霊に対し教会が挑戦すべきだということを――くり返しのべてきたように（エフェソ六・一一以下）――注意しないで聖書を読んでいるところに、今日の教会の問題が起因していると思う。すなわち、このことは一方には、「汝ら前《さき》には咎《とが》と罪とによりて死にたる者にして、この世の習慣《ならわし》に従ひ、空中の権を執る宰《つかさ》、すなわち不従順の子らの中に今なお働く霊の宰にしたがひて歩めり。我らもみな前《さき》には彼らの中にをり、肉の欲に従ひて日をおくり肉と心との欲する随《まま》をなし、他の者のごとく生れながら怒の子なりき」と言われ、他方には「いま教会によりて神の豊かなる智慧を天の処にある政治と権威とに知らしめん為なり」（エフェソ二・一―三、三・一〇「いろいろの働きをする神の知恵は、今や教会によって、天上の支配や権威に知らされるようになった」）と言われていることに対する注意が欠けている。この二つの言葉がわかっていれば、どんな「形」においてでも、その説教にあたり、説教者が、これについて言及せずにはいられないはずである。これがなされていないところに問題があるのである。

この「悪霊」に関する諸表現は、言うまでもなく、今日いうところの「神話的」なそれである。そのために、今日まで神学者はもちろん――多少の例外はあるが――聖書学者にも閑却され、無視され、否定されてきた。しかし、これは聖書中に一貫してのべられているもので（前掲拙著参照）、それがくり返えして言うが、今日のキリスト教会の最大の弱化の原因の一つである。すなわち、そこでは個人救済のみにその力が集中され、外界からもその点で、常に攻撃を受けてきたのである。

いったいこの悪霊という表現の否定は何に由来しているのだろうか？　それは根源的には聖書のこれに関する研究がなおざりにされてきたためであり、またそれぞれの時代における「国家悪」または「政治悪」の裏にあるものの認識がなかったためであろう。

この「悪霊」について、その原因とも思われるものを見てみよう。そこには悪霊が人間をして、自己を「神化」させるということの認識が重要である。創世記第三章の「人間堕落」と普通言われている叙述は、人間が罪を犯すというような、または神に背反したというような表現だけでは、尽しきれないものが表わされている。すなわち「蛇」そのものが、「神の造り給ひし」ものであるにもかかわらず、何ゆえ人間に対して、「誘惑者」として表わされているのであろうか？　ここにはその説明が一つもしるされていない。しかしそれにはすでに「悪」の性格がもたれていることが、不可避的に感じられる。端的に言うと、誘惑者であるということそれ自体、「悪」の本質をもつことを示すものと言わなければならない。だがこの蛇が、サタンまたは悪魔との関係においてみられるようになるには、かなりの年代がかかった。いうまでもなくこの両語は、元来別々の範疇に属していた。サタンはヨブ記冒頭に現われているように、この時代にはまだ神の使いの中の一つであり、人間を検察し、それを神の前に訴えるという性格をもつものとしてのべられていることで、それがわかる（ヨブ記一、二章）。

蛇は後の「レビヤタン」になるまでには、これまた、かなりの年代を要したと思われるが（ヨブ記四一・一、詩編七四・一四、一〇四・二六、イザヤ書二七・一）、それはこのイザヤ書の挿入部分においてはすでに、同一と見られている（二四―二七章）。だが「悪魔」は、ペルシャ宗教から導入されたものだと思われる――例えばマーティン・ブーバーが記しているように（野口啓祐訳『人間悪について』一九六八年、南窓社）――長いことを書くべきところではないから簡単に言うと、これがヨハネ黙示録においては、「龍、すなはち悪魔たり、サタンたる古き蛇《へび》」（二〇・二）として、三者一体としてのべられている。これに対して創造物語中の「テホーム」がこの大きな考え方の源泉となり、その刺激となったことは明らかである。もしここで言うことが許されるとすれば、このバビロン神話の用いられたとき、それはほとんど全部唯一神的に変容された上で用いられたが、ただこの「テホーム」だけは、それから漏れて残された？　のであった。これらのことについては、ヘルマン・グンケルがその『創造と混沌』の中にくわしく、歴史的発展の相において、注釈的にのべている（Hermann Gunkel: *Schöpfung und Chaos in Urzeit und Endzeit*, 1895, 1921）。

この「蛇」の誘惑は、前述のように、人間を単に「神に背かせた」という表現だけでは、尽されない結果をもたらした。すなわちそこには「神汝等が之を食ふう日には……汝等神の如《ごと》くなりて」（創世記三・五）と言われている。この人間の「神化」こそ、この誘惑の与えた真の結果であった。人間の「神化」とは、人間が自己を神の位置において、全世界を「支配する」、またはそこに「君臨する」ものとなる、ということを意味している。同時にそれは世界における「唯一の存在者」として、自己を考える者となる、ということを意味している。ここに「善悪を知る」という語が用いられているが、これは決して道徳的なそれのみを意味せず、在世界の一切のものを支配する知識と知恵とを意味する表現である。だから人間が生育過程において「弁《わき》まえる」、すなわち周辺を認識するという意味にこの表現が用いられたらしい（創世記三一・二四、二九、Ⅱサムエル記一三・二二）。あるいはこの表現の否定的な句は、「善悪をわきまえていない子どもたち」（申命記一・三九、Ⅱサムエル記一九・三五以下）というふうに、人間の認識前の在り方を示す表現として用いられている。ゆえに創世記三章における、この表現に対する人間の一切の認識能力をさしたものであることが明らかである。したがって、この表現は世界を支配するために必要なすべての認識を得るということを意味し、それによって、「神の如くなる」ということを言ったのである。

この意味において、創世記三章の人間堕落を、単に「堕ちた、落ちた」という意味に解してはならない。くり返して言うが、それは人間が「自己を神の位置におく」ようになることにおいてこの誘惑の結果が現われているのである。そしてさらにそれによって人間が、世界において「唯一の存在者」となる、という願いをおこし、かつ事実上そうなってしまった、ということを予見する表現である。これを最もよく表わす言葉は、バビロンについて語られた第二イザヤの言葉の「快楽に浸り、安んじて座る女よ。わたしだけ、わたしのほかにはだれもいない」という言葉や、「お前の知恵と知識がお前を誤らせ、お前は心に言っていた、わたしだけ、わたしのほかにはだれもいない」という言葉などに見られる（イザヤ書四七・八、一〇）。言うまでもなくバビロンは、聖書終末論においては、悪の最後の拠点であり、堡塁であるとされている（ゼカリヤ書五・一一、黙示録一八・一―三等）。この「わたしのほかにはだれもいない」という表現は、神の自現として語られた「わたしはあるという者だ」（出エジプト記三・一四）に対して、僭称された表現である。

この「自己神化」の裏側なる「唯独りの存在者」なりという僭称的自覚が、不遜にもそれぞれの時代における王者のうちにもたれたあとが見える。これが「国家悪」または「政治悪」として表現されている。例えば「中間時代」に、ユダヤ人を迫害したシリヤ王アンティオコス四世が「エピファネス」と名のったのは、字義通り「神の顕現」の意味と思われる。またローマ皇帝のうちのあるものが、自己を「神」として、皇帝礼拝を民に要請したというのも、この意識があった為ではなかったろうか？　もちろん、この場合のこの語はギリシア的意味において言われたので、唯一神的意味において言われたものでないことは明らかである。

最近、私は面白い記述を発見した。それはドイツのナチのヒットラーに関してである。すなわちヒットラーが、自分は宇宙の独自の感覚中枢であると感じ、その感覚の中に自己が過去並びに現在包含されている唯一の正統な「意志」の化身だという確信をもったというのである。それは彼の超越的なうちなる「力」――「ヒットラーはただひとり存在した」――の原理的なものであったからである。「我は存在し、我に並ぶ者は誰ひとり存在せず。」宇宙には彼以外には何人も存在せず、事物のみが存在した。そのためにヒットラーの壮大にして制約のない構造力と創造力とがのこったのである。これは彼の人格の稀れな病的状態であった。そして全く陰影をもたないエゴ（自我）だった。彼がこの自覚をもつにいたったのは、なお若いとき、フライブルグの劇場で一つの劇をみたことによるものと言われる（エーリッヒ・フロム、鈴木重吉訳『悪について』紀伊國屋

書店、一九八九年、一四四―五頁、cf. Richard Hughes: *The Fox in the Attic,* New York, Harper and Row, 1961, pp. 226-268)。

ここ十数年来ヒットラーに関する著作が、前掲のものもあわせて非常に多く刊行されている。その中の『われわれ自身のなかのヒットラー』（ピッカート・佐野利勝訳、三版、みすず書房、一九六八年、一八二頁以下）の著者は、次のように言っている。「ヒットラーは国家を見る能力――国家を認識する能力――をもっていない。……彼にできることといえば、ただ何ものかを切り離すことだけだ。これがヒットラーに附着している悪魔的（サタン）な性格である。……ヒットラーにおけるあらゆる運動は、すべて破壊の運動なのである」としるし、さらに普通ヒットラーが、ニーチェの哲学に特別な関係があると主張されているが、とのべ、「ヒットラーは、ここに描かれているものが自分自身の手本だと感じた。そして自己自身から切り離されてあること、しかもなお存在することが可能だということ――人間的存在から自己を切りはなし、この人間の上に無連関的に存在すること、自己自身を超えてあることが可能だということ――が、ここにおいて彼に保証されたのである」としるしている。これこそ本項における問題の実例として最もよい叙述だと思う。ついでだが、この著者は、ヒットラーとナチの没落が、神の干渉によるものだとして、次のように言っている。「ヒットラーは数年にわたって、つねに全面的勝利の寸前に立っていた」とし、次にその「寸前」の説明をしている。「ヒットラーが英国への侵入に成功するのも、ほとんど時間の問題だと思われた。然しそれはできなかった。彼はモスクワの郊外にせまった。だがこれもできなかった。彼はハーケンクロイツの旗をコーカサスの最も高い山頂にかかげた。だがねらっていたコーカサスの油田を手に入れることはできなかった。ヒットラーの学者たちは、原子爆弾を発明するところであった。全ヨーロッパはしばらくの間、ヒットラーの呼吸を以てしか、あえて呼吸することもしなかったのだ。しかも突然このヒットラーの呼吸が、ぷっつりと跡絶えたのである。彼の背後には何か単なるヒットラー以外のものが立っているのではないかと思われた。ところがいったんこのヒットラーの優勢が倒壊したときには、その倒壊の規模もまた余りに巨大で、あらゆる人間的尺度を超えたものであったから、ここでもまた、ヒットラーは単に英国や露国（ロシアのこと）や米国の優勢のみによっては、かくも怖ろしい轟音を立てて崩れ落ちることは、ありえないと思われたのであった」と、その「寸前」という語を説明している。そして次に「人間がこれほどまで明瞭に歴史への神の干渉を見得たことは稀である。まことに、万事が、神自身の従事し給う、御業の偉大なる範例にしたがって、実現されたのであった」という、きわめておどろくべき神と歴史との関係をのべている。これはまたついでではあるが、今ここでのべていることから多少脱線するが、私はこれこそ隠れたる神と人間と歴史との関係を、あらゆる他の一切の議論を無視してのべているこの著者の歴史眼に、興味を覚えた次第である(同書二六五―七頁)。人はこれによって、歴史を「長い目」で見ることを学ぶであろう。そして、あまりに直接的判断、または末梢神経的に時代を見ることが、どんなにあやまっているかということをも学ぶであろう。それとともに、今日でも「悪」は霊力をもって働きつつあり、そしてある個人を捉えて、この力の権化とし、かつそれを世界に具現させるということと、同時に教会が、この信仰的認識をもって、その宣教の両極作戦に立ち向かわなければならないということを教えられるであろう。

ここでこの人間の自己神化について、考えさせられることは、十九世紀から二十世紀にかけての観念論哲学が、知らず知らずの間に、人間を「神化する」（vergöttlichen）端緒を与えたと言われていることを連想させられる。すなわち、ここで言われた「自我」（das Ich）の見方をもっていた。この影響でもあろうか、最近は日本で「国家悪」と「人間悪」の問題を論ずる思想家は多くなり、キリスト教神学者はもちろんだが、宗教哲学者さえこれを強く指摘し、かつ論じている（信太正三著『宗教的危機と実存』理想社、一九六三年、二〇九頁）。この著者はさらにこれを聖書のレビィアタンとの関係においてすらのべるほど、深くかつ強く見ている。

この点について一般的に書かれたものはかなり多いが、私の眼にふれたものとしてあげられるのは、哲学的・理論的「共同討議・歴史悪をめぐって」という対論で『講座・現代倫理 2』として、「悪について」の中に展開されているそれである（筑摩書房、一九五八年、二二三―二六四頁）。ここにはこの主題に関する徹底的な見方がなされている。そして「国家悪」や「政治悪」を、それたらしめる「根源悪」を指摘するほどに深めた論議が見出される（二三七頁）。

二　旧約聖書における「政教」関係の見方

聖書において、本書の主題たる「政教関係の見方」は、その究極的な答えとして、神（キリスト）対「悪霊」の――対等の位置に立つものとしてではなく、前者が後者を壊滅させる闘争――というかたちにおいてのべられている。これがためにわれわれは、その準備として、前項において、「聖書に現われた悪霊観の発達」を概観的に見たのであった。

したがって本項においては、旧約聖書における、悪霊との関係を軸としながら、この「政教関係」が、いかに見られ、いかに進められつつあるか、という点を中核として見てゆこうと思う。

旧約聖書には、この問題に対する答えが、「直接的」にかなり多く与えられている。だから今日まで神学者または一般思想家で、この問いをもっている人は、必ずといってもよいほどこの点に注視してきた。例えば周知の「社会的キリスト教」の提唱者は、この点をここに問うのがその論証の仕方であった。だが、ここで考えなければならない点がいくつかある。

まずこの点は最もよく預言者に現われている。そしてそれはイスラエル国内に向かって語られた多くのそれと、いわゆる異邦諸国民に対して語られた少数の言葉とである。イスラエル国内に向けて語られたというのは、「選民」であるイスラエルの民はいかになすべきか、を語ったもので、これは新約的に言えば、「教会内」に向けて語られたと同じであると言わなければならない。それはちょうど新約聖書中の書簡が非常に多く語っているのと対応するものである。というのは、旧約の選民は、新約においては教会として、象徴的に語られているからである（Ｉペトロ二・九以下「あなたがたは、選ばれた民、王の系統を引く祭司、聖なる国民、神のものとなった民です。それは、あなたがたを暗闇の中から驚くべき光の中へと招き入れてくださった方の力ある業を、あなたがたが広く伝えるためなのです。」）。だからこれをただちに「教会の対外的政治的発言」としてみるのは、聖書学適用の、対応に関する聖書学的知識の欠如、または不十分のために行なわれたものである。

だが預言者の対異邦民族として語られた言葉は、これと同一には扱えない。この種の預言として一般に知られている大きなものとしては、アモス書のそれ（一・三―二・三）、ゼカリヤ書のそれ（一四・一六―一九等）、その他ほとんど数えきれないほどある。中でもいわゆる第一イザヤ書のそれ（一三―一九章、四一・一―二、四五・一―七、一三、四七章等）、またはエレミヤ書におけるそれ（四五・一四―二六、四七―五〇章等）、ゼカリヤ書におけるそれ（八―一四章）などが、その広く知られかつ、最も注意されてきたものである。だから前述のように旧約預言者の語集には、国内的預言と国外的預言とがのこされているわけである。古くからある種の社会的側面「偏重」の立場をとる神学者や教職が、そのメッセージの根拠として、これら「国内的預言」を引用し、そしてこれらを根拠としてその社会的福音をのべていることは、きわめて自然であるとともに、それが一種の流行であったとも言える。

しかしここで注意すべきことがある。というのは、これらの預言者の対異邦預言は、神の超越的または一般摂理の立場から語られたもので、決して外的世界の政治への介入というべきものではなく、したがって、この立場の主張に対してその根拠を与えるごときものではない。

さらに大事なことは、**教会的聖書学**（正典的理解）から言うと、教会の正典たる聖書は、あらためて言うのも妙なことだが、旧約のみならず新約をも含み、しかも前者が後者によって「再解釈」され、後者を通して「濾過」されて、教会の正典とされていることに注意しなければならない。このことは、まず旧約の真義が、復活のイエス・キリストによって「初めて」明らかにされたと、特に言われていることや（ルカ二四・二五―四九、コロサイ一・二五―二六等）さらにイスラエルの歴史全体が、全く教会的に再解釈されていることで明らかである。（使徒言行録七章、ヘブル一一章等）。これにさらに山上の垂訓におけるイエスの旧約引用の言葉の再解釈を加えれば（マタイ五―七章）、誰にでも明らかになることである（『渡辺善太全集』第六巻、三八五―四一〇頁参照、『渡辺善太著作選⑤「聖書解釈論1／II」』ヨベル、未刊）。

しかし、これには三つの除外例のあることを注意する必要がある。その第一は終末観に関する出来事をのべた預言で、その例としてはダニエル書のそれが新約中にそのままに引用されている場合である（マタイ二四・一五以下等）。その第二はゴグ・マゴグのそれがエゼキエル書から（三八―三九章）黙示録中に引用されている場合である（二〇・一「わたしはまた、一人の天使が、底なしの淵の鍵と大きな鎖とを手にして、天から降って来るのを見た。」）。その第三は「悪」の問題、または「悪霊」のそれで、それが旧約から新約にかけて、強化されかつ深化されている場合である。これについては多少くわしく後にのべることとする。

三　新約聖書における「政教」関係の見方

次に新約聖書におけるこの問題を見ることにしよう。

ここでまず見なければならないことは、旧約の預言者に、対内的預言と、対外的預言（対異邦諸民族預言）とがあることはすでにのべた。ところが不思議なことに、新約聖書においては、前者は周知のように無数に引用されているが、後者は引用されている場合が――その原意または関係が全く変容されている場合をのぞき――ほとんどないという一事である。例外的な場合については後に「悪」の深化の問題としてのべる。

この理由を考えてみると、それは第一に新約の各著者が、それに対して福音的信仰的「共感」をもたなかったためであろう。とすると、それに対する理由がさらに考えられなければならない。それは新約時代のユダヤ民族の政治的状況からきているのであろう。周知のように、当時のユダヤはローマ帝国の属国で、混血児だと考えられていたヘロデおよびこの亜流が、王というような呼称をもって、ある程度政治的な力を与えられていた時もあったが、しかし、それは全く制限づけられたもので、国内政治においても、下手をするとそれを口実に、この位置と権威とを剥奪されるおそれが常にあった。さらに国外的な問題については、全くといってもよいほどその発言力がなかった。こんな状況の下におかれた初期キリスト教会指導者――すなわち新約聖書の各著者が、政治的発言をしないということは、当然すぎるほど当然であった。もちろんその中にはルカ福音書や使徒言行録の著者と想定されているルカのような外国人もあったが、それすらも何ら政治的問題にはふれていない。

しかしこの事実から、こんな時代に書かれた文書の集成としての新約聖書に、政治的発言がないからといって、それが原始教会の本質的立場であったということはできないとし、むしろそれは「対官憲」配慮からおこったものだとし、その配慮を除き、教会の本来的な立場からこの問題を考えなければならない――というような推論は全然根拠もないし、妥当性もない。

したがって旧約預言者の「対外預言」が、新約聖書に引用されていないということは――くり返して言うが、それが変容されているという場合は別として――その人々がこれに対して福音的信仰的「共感」を感じなかったし、また感じえなかったという推定は正しいと思われる。

（1）福音書の「政教」関係の見方

では進んで新約聖書は、この「教会と政治」の問題について、何と言っているだろうか？　これが私のこの論文の中心点である。

まずこの点に関する新約聖書の教えにおいて第一に求められるべきは「イエスの教え」である。イエスが「カイザル（皇帝）の物」と「神の物」とを分け、それぞれ別の権能をもって統治されるものであると見てい給うたことは、周知の「さらばカイザルの物はカイザルに、神の物は神に納めよ」（マタイ二二・二一「では、皇帝のものは皇帝に、神のものは神に返しなさい。」、マルコ一二・一七、ルカ二〇・二五）。という言葉によって示されている。この言葉は注釈者によってさまざまに解釈されているが、その注釈のさまざまであること自体が、実に妙なことである。

いったいこの言葉は、パリサイ派の人々が、彼をワナにかけようとして――つまりカイザルに反抗するものであるという原質を彼の口から引き出そうとして、「貢《みつぎ》をカイザルに納むるは可《よ》きか悪しきか、如何《いか》に思ひたまふ「皇帝に税金を納めるのは、律法に適っているでしょうか、適っていないでしょうか。」」と質問した言葉に対する答えとして与えられたものである。そしてそれは現実に「貢の金」を手にしながら、イエスが実証的に答え給うた言葉である。だからこの言葉によって、イエスがこの二つの世界を認め、これを区別していたということは、議論の余地のないほど明らかなことである。したがって彼に質問した者たちは、「之を聞きて怪《あや》しみ、イエスを離れて去り往《ゆ》けり「これを聞いて驚き、イエスをその場に残して立ち去った」」と言われているごとく、次の質問を出す必要がないほど明瞭に理解したのであった。

しかしこの二つの世界を認めながら、そして「神の物」の一切が属する「神の国」について教え給うただけで、「カイザルの物」としてのこの「世界」に関しては、終末的な言葉のほか語り給わなかった。この態度はさらに、「往《ゆ》きてかの狐《きつね》に言へ」という語に始まる言葉である（ルカ一三・三二）。これは「狐」という象徴的表現で、ヘロデという狡猾な政治家を蔑視した表現である。これにつづいて「君などが何をしようと、自分としてはどんなことがおころうと、行くところに行くのだ」と、その十字架の運命を予見した言葉、「されど今日も明日も次の日も我は進み往くべし。それ預言者のエルサレムの外《ほか》にて死ぬることは有るまじきなり「だが、わたしは今日も明日も、その次の日も自分の道を進まねばならない。預言者がエルサレム以外の所で死ぬことは、ありえないからだ。」」という言葉で示されている。政治家の行為に対して、彼ご自身の目的に関するかぎり、その「無効果」なることを示す言葉である。これを見ても、イエスの対政治観は明らかにされていると思う。

ただここで問題になるのは、イエスの「神の国」に関する態度および宣教の言葉である。過去においては社会的福音を提唱した人々のみならず、一般教会人も、この「神の国」の建設こそ、教会の使命だと考えた向きが多かった。大正時代に行なわれた「神の国運動」がその最もよい例である。これが誤った解釈であることは、今日ではその終末的性格の認識とともに証明されたと言ってもよいだろう。したがってイエスはその宣教のために「十二人」をつかわし、「往《ゆ》きて宣べつたへ『天国は近づけり』と言へ」と言った。そしてその宣べ伝え方は、「病める者をいやし、死にたる者を甦へらせ、癩病人《（ママ）》をきよめ、悪鬼《あくき》を逐いだせ「病人をいやし、死者を生き返らせ、重い皮膚病を患っている人を清くし、悪霊を追い払いなさい」」というわゆる「落穂拾い」で、何ら政治的意味はなかった（マタイ一〇・五以下）。そして「七十人」をつかわした時にも、何ら政治的と思われるものはなかった（ルカ一〇・一以下）。

しかし「神の国」に関するイエスの言葉は、これだけにつきていない。かなり古くから注意されてきた「律法と預言者とは、ヨハネまでなり。その時より神の国は宣べ伝えられ、人みな烈《はげ》しく攻めて之に入《い》る」という言葉およびこれと類型を異にする表現（ルカ一六・一六、一一・二〇、マタイ一二・二八等々）、がわれわれの注意をひきつける。この言葉はしばしば当時の政治的狂信者ゼロテ党の意義において、政治的活動とした人々もあった。しかしこれは、イエスのこの他の福音に対する「努力・犠牲」を求める言葉と対照して考えるとき、一種の「強釈《こじつけ》」としか考えられない。その理由は一方には、イエスに従った者たちの中で、このような政治的活動をした者は——その弟子の中に「ゼロテ党のシモン」（マタイ一〇・四等）という名があったが、この意味の活動をしたことは伝えられていない——一切なかったようである。かつ、この福音に対する「努力・犠牲」を求めた言葉（ルカ九・六二、一三・二四、一四・二六以下）などによって示されている。だとすれば、この「神の国を烈しく攻めた」という句も、決して政治的のそれを意味したものではなかったと考えられる。

このことはさらに、イスカリオテのユダの裏切りの「理由」、または「動機」に対する想定によっても知られると思う。彼は決して「銀三十」のためにしたのではなく、彼が最初イエスに従ったとき、イエスの運動を政治的なそれであろうと予想したのが、全くそうではなかったことに幻滅を感じたものではなかったか？　例えばマリヤがイエスの足に高価な香油一斤《においあぶらいっきん》を注いだとき、「何ぞこの香油を三百デナリに売りて貧しき者に施さざる」（ヨハネ一二・五）と言っているのは、表現は社会的にひびくが、それは社会的・政治的関心が彼において強かったことを示しているとも言われる。

しかしイエスの言葉ひいてはその教えが政治的介入の意図を示していない、というだけでは、そこに大きな誤解の生ずる危険がある。というのは、イエスの教えは、ユダヤ以外の異邦諸国においては、この言葉が断定できるが、対ユダヤ的意義においてはそれは全く異なっていて、端的に言えば彼の教えは「革命」を惹起する、または結果する教えであったのである。このことは特にこの関係で明記されなければならない。このことは本書の付録において詳しくのべた。

当時のユダヤは、周知のように、隷属国家ではあったが、しかしそれは一つの国家をなしていた。この国家は、その一切が広義のユダヤ教によって基礎づけられ、形式づけられ、その民族全体の生活の微細な点まで規定されてでき上っていた。この意味で主権国ローマの干渉が、そのいずれの点に関しても、単に国家の規則または習慣の変更という点に止まらず――諸異邦におけるごとく――一事がその万事に影響する意義をもっていた。したがって、当時のユダヤ人の反ローマ精神は、実はこの点に、そのひっかかりをもっていたのである。

　これがイエスの教えにおいては、より深く、より広く、より鋭く表わされた。例えば「安息日」の一例をとってもこのことがわかる。この「日」は、聖書的には創世記の言葉（二・二―三「第七の日に、神は御自分の仕事を完成され、第七の日に、神は御自分の仕事を離れ、安息なさった。この日に神はすべての創造の仕事を離れ、安息なさったので、第七の日を神は祝福し、聖別された。」）によって基礎づけられ、さらに出エジプト記の言葉（一六・二三―三〇）によって強化されていた。そしてさらにラビたちの教えによって、絶対に「聖日」なりと、民族全体に対して、「神的規定」として受けとられ、かつ順守されていた。それに対してイエスが「安息日は人のために設けられて、人は安息日のために設けられず。然れば人の子は安息日にも主たるなり」と言ったのだから、それはそのままで、当時のユダヤを形成しているユダヤ教そのものの基礎と、その全伽藍とを崩壊させる力をもつ発言であった（参考・マルコ二・二七―二八、ルカ六・六以下）。さらに細かい規定について言えば、豚肉を食することまでが禁じられていたのであった。これはレビ記の規定から出たものであって（一一・七）、これがアンティオコス・エピファネスにユダヤ人のその信仰棄却の証拠として用いられたのは有名である。ちょうど日本の徳川時代においてキリシタン棄教の証しとして「踏絵」

が用いられたのと同じであった。

イエスのこれらの言葉と態度とは、つまりユダヤ選民の生活全部とその基礎とを破壊するものであり、ひいてはその存在の神的意義を否定するものとなるわけであった。このユダヤの構成については、クルマンもこれを簡潔に一文章で表現している。“But the theocratic ideal, according to which the religious community, the Jewish ‘Congregation’ (precursor of the Christian ‘Ecclesia’), coincided with the State, was realized only in scant measure.” (Oscar Cullmann: *The State in the NT*, 1963)。この文章の中の二語の適当な日本語が今思い出せないので、そしてそれをまずい訳のために誤解されるといけないので、英訳のままで引用した。

この意味でイエスの教えは、ユダヤ人の選民性とその国家的基礎とを、転覆させるだけの意義と内容とをもっていた。われわれ異邦人には、この点をよくよく考えないと、真に理解されない恐れが多分にある。したがって、イエスの「十字架」は、ユダヤ人の見地からすれば、神に背くものであり、反逆者であるという意味において、当然の刑罰であったと言わなければならない。

イエスが、「カイザルの物」と言ったのは字義通りローマのそれをさし、「神の物」と言ったのは狭義においてはユダヤ人の神をさしたものである。決してユダヤ国内におけるあらゆる存在をこの二つに分けたわけではなかった。このことに注意する必要がある。したがって、この意味において対ユダヤ国家においては、彼はこの二者を分けることをしなかったのである。だがこの論理をユダヤ国家以外の諸国家の場合にあてはめると、とんでもないまちがいになる。その意味でイエスの教えがそのまま異邦諸国における、この二領域を別にしたものであることを、ここで鋭く認識しておかなければならない。

以上が、共観福音書に表わされた限りにおいて、イエスの対国家態度とその対政治的態度とを示しているものと考える。

イエスの教会観を論ずるにあたり、どうしても一言のべておかなければならない一つの問題がある。その問題に対する解明と結論とがどうであっても、これはどうしても要求される点である。見方によっては、これはイエスの教会観における、一大「難点」であると言われるべきであるかもしれない。

これは周知のピリポ・カイザリアにおける「ペトロの告白」と呼ばれているマタイ福音書十六章十三―二〇節までの解釈の問題である。ここでは今日まで告白者ペトロが問題の中心とみられ、そして彼について言われている、「汝はペトロなり、我この磐《いわ》の上に我が教会を建てん」という点に、問題がしぼられてきたようにみえる。

この意味で、これに対する歴史的批評はいろいろあるが ―― この批評についてはクルマンが簡潔にかつほとんどすべてを網羅してのべている ―― *Petrus*, Eng. trans. "Peter," 1953, pp. 184-238. これらの批評的反対説の中で、私に最も強く訴えるのが二つある。その第一は「神の国宣教者たりしイエス」が、その生前、その後にできた「教会」について、のべたはずがないという議論である。その第二は、ペトロが教会の基礎だと言われていることから、この部分はカトリック関係の他者による挿入であるという議論である。そのためにここにしるされているギリシア語の Petros および Petra という二語の意義に関する論争に、この部分に対するすべての議論が集中されているかに見える。

しかし、私はこの部分における問題の重点はこんな点にはなく、むしろこの部分に「教会」と訳されているギリシア語「エクレシア」（ekklēsia）の「教会」という訳語の問題としてこれを感ずる――マタイ福音書十八章十七節の「教会」もこれと同じである。

まず第一に、「エクレシア」が用いられているから、これを何ら問題とせず、「教会」として訳しているという態度である。周知のように、この語は、少なくとも新約聖書中に一か所、別の言葉に訳されている。すなわち、使徒言行録七章三十八節には「集会」――荒野におけるモーセの集会――と訳されている。してみれば、これをただちに「教会」と訳すことには問題が感じられなければならないと思われる。ここに前掲の反対説が、ことにその第一が、重要な意味をもってくる。だが、これすら「教会」と訳すことには何ら反対がのべられていないことが多い。

そこで新約聖書の「ヒブル（ヘブライ）語訳」をみると、面白いことに、Salkinson-Ginsburg 訳には"qahal"があてられ、Franz Delitzsch に於いては"qehillah"が用いられている。前者はLXX(七十人訳旧約聖書)にヒブル原本のこの語が Ecclesia と訳されているので、それを用いたものであろうと思われる。したがってこの両ヒブル訳とも、ここではこの語を、特別な「教会」という、新約聖書書簡中のそれのような特殊なものと受けとらなかったのではなかろうか。

だがこの訳語の問題は、さらに進んでこの「エクレシア」に当たるべき、ヘブライ語及びアラム語の語が、参考にされなければならない。一般的に言うと、この「エクレシア」に対する訳語として用いられうるヘブライ語およびアラム語は、次のようなものだと言われている。まずヘブライ語としては、qahal, edhah, sibbur, keneseth, 等で、アラム語では qahala, sibbura, kenishta である(Gerhard Kittel: Theologisches Wörterbuch zum NT, III Band, 1957, "ekklesia" von K. L. Schmidt, S. 502-539; Oscar Cullmann: Petrus; Eng. trans. "Peter" 1953, pp. 188, Note 96)。

旧約聖書の「七十人訳」LXX においては、主として qahal に対し、このエクレシアがあてられている。したがって、前述の新約聖書のヘブライ訳をした Salkinson-Ginsburg が、このマタイ福音書の「エクレシア」を、この語で訳したのはそのためであろう。そして使徒言行録の著者(編纂者)が、荒野におけるモーセの「集会」に対して、この「エクレシア」を使っているのも、これがためであろう。

ここで私は私自身の問題に対する結論をのべなければならない。マタイ福音書のこの「エクレシア」は、それをどうしても「教会」と訳さなければならない理由は私には考えられない(一六・一八)。もしこれをそう訳すとすれば、それは書簡および使徒言行録において、この語が原始キリスト教の意義における「教会」の意義に用いられているし、またエフェソ書などにおいて、キリストを教会の「隅《すみ》の首石《おやいし》たり」(二・二〇「かなめ石」)とし、ことに教会の創造前の選びと祝福をしるす場合、それが「キリストに由る」選びであり、「キリストの中に」おけるそれであると(一・三―四)、言われているし、ことに使徒言行録においてはサウロの教会迫害に当たって、ダマスコ門前では、天上のイエスが、「われは汝が迫害するイエスなり」(九・五)と言い給うたとしるされていることと、またマタイ福音書そのものが、教会創設後、それに関係ある人によってしるされたということのために、むしろ当然としてこう訳されたものであろう。だが、ここに一つ不思議なことがある。もしこれを教会と訳す意味において、この伝承が原始教会にあったとすれば、「我この磐《いわ》の上に」と言われているペトロが、何らかの形で、そう言われているべきだと思う。ところがそんなことは何とも言われず、ただ「柱と思はるるヤコブ」(柱と目される)という肩書によって、ヤコブが重視されていたという事実が記されているのである。とくにパウロがアンテオケで、ペトロの行為に対し、「偽行《いつわりごと》」をしたということさえ言っているのをみると、教会が「ペトロの上に」と言われ、またその伝承があったとは考えられない(ガラテヤ二・九、一三)。

これらのことを考えると、このマタイ福音書の「エクレシア」は、「教会」と訳されるべきではないと思う。それでは何と訳すべきか？　私はここで誤解されることを恐れて、重ねて言っておくが、私は、マタイ福音書の著者がここに、この「エクレシア」を用いたことに対して、それを云々しているのではない。それがテキストに用いられていることを認めた上で、「それが何と訳されるべきか？」あるいは「用いられている以上、それを教会と訳さないとすれば、いったい何と訳したらよいか？」ということを問題としているのである。

キッテルの辞典において——前掲の頁——シュミットが暗示しているように（S. 529 ff）、私はこの語はユダヤ教における、特殊なセクトの意義に用いられたものだと思う。さらにそれは「神の民」または「聖なる集団」の意味で、——「小さき群れ」のごとく（ルカ一二・三二）——具体的に言うと、旧約聖書に示されている「遺残者」（「残りの者」）に似た意味の「セクト」に対する用語ではなかったかと思う。

この「遺残者」（のこりびと -Remnant）的なものが、この語によってここに表わされたものであったと思われる。遺残者とは、歴史的にはすでに北王朝アハブ王および預言者エリヤの時代からあったらしい（列王記上一九・一八）。その後ずっと現在われわれが語っている時代まで、それに関する伝承が残っていた（イザヤ書一〇・二〇—二二、一一・一一、一六その他）。とくにこれがいかに重要なものであったかは、預言者イザヤがその子の一人に、「遺残者還りきたらん」（シェアル・ヤシュブ「残りの者は立ち帰るだろう」、「悔い改めるのは残りの者」といった意味の象徴的な名前：岩波版イザヤ書脚注。関根清三訳。）と名づけたことによってもわかる（七・三）。

このセクトは、イエスの宣教の中心的で主たる主題であった「神の国」を、一方にはイエスご自身のうちに視《み》（ルカ一七・二一）、かつこれを待望しつつあった一群の弟子たちをさしたものであろう。すなわちそれは一言で言えば「真のイスラエル」というべきもので、その意味だとすれば、十二人が選ばれたというのも、イスラエル十二族の祖の数であり、その主要な人物として、ペトロが指名されたということも何ら不思議ではなくなる。

以上簡単すぎるほど簡単にこの問題に結論をつけたが、要するにこの「エクレシア」は、「教会」と訳されるべきではなく――これと同様同十八章十七節のそれも――他の何らかのセクトを表わすことのできる用語をもってすべきだと思う。したがって、この節に立脚して教会論を展開するのは、一つの想像説で、私に対しては何らの権威がないという一言をのべておく。

（2）書簡における「政教」関係の見方

次に新約聖書中の書簡におけるこの問題に関する教説を見なければならない。普通イエスのそれと、書簡における原始教会の指導者たちのそれとの間にはかなりの隔り、または大きな差異があるとも言われてきたが、これは両者の言っているところをよく見ると、必ずしも大きな差異だとは言いきれないと思われる。この部分の教説を見るに当たり、特に注意しておきたいことは、この部分の論述からは「使徒言行録」を除いているということである。この書については、のちにパウロに現われている対政教関係の考え方が本書第一部の、否、本書全体における重要な問題を含んでいると考えられるからである。

書簡におけるこの問題に関する最も重要で、かつ最も広く知られている言葉は、ローマ書における「人は皆、上に立つ権威に従うべきです。神に由来しない権威はなく、今ある権威はすべて神によって立てられたものだからです。従って、権威に逆らう者は、神の定めに背くことになり、背く者は自分の身に裁きを招くでしょう。実際、支配者は、善を行う者にはそうではないが、悪を行う者には恐ろしい存在です。あなたは権威者を恐れないことを願っている。それなら、善を行いなさい。そうすれば、権威者からほめられるでしょう。権威者は、あなたに善を行わせるために、神に仕える者なのです。しかし、もし悪を行えば、恐れなければなりません。権威者はいたずらに剣を帯びているのではなく、神に仕える者として、悪を行う者に怒りをもって報いるのです。だから、怒りを逃れるためだけでなく、良心のためにも、これに従うべきです。」（一三・一―五）と、いう言葉である。これはこれと類をともにしている言葉が他にも見出される（テトス三・一―二「人々に、次のことを思い起こさせなさい。支配者や権威者に服し、これに従い、すべての善い業を行う用意がなければならないこと、また、だれをもそしらず、争いを好まず、寛容で、すべての人に心から優しく接しなければならないことを。」 Ｉペトロ二・一三―一七「主のために、すべて人間の立てた制度に従いなさい。それが、統治者としての皇帝であろうと、あるいは、悪を行う者を処罰し、善を行う者をほめるために、皇帝が派遣した総督であろうと、服従しなさい。善を行って、愚かな者たちの無知な発言を封じることが、神の御心だからです。自由な人として生活しなさい。しかし、その自由を、悪事を覆い隠す手だてとせず、神の僕として行動しなさい。すべての人を敬い、兄弟を愛し、神を畏れ、皇帝を敬いなさい。」）。

これらの表現は、前述のイエスの「カイザルのものはカイザルに」という言葉と対応していると思われる。ただ両者の政治的環境が全く異なっていたために起こった差異と思われる。すなわち、イエスの場合は、ユダヤ国内における一局部に生活していた為に、大世界の政治的権威者に直接に関係または接触をもたなかったために、その表現が簡単になっていたのであり、後者の場合にはそれが大ローマ帝国内におかれ、直接にカイザルおよびその下にある官憲との接触が身近かに感じられたために、その表現が細かくなっているのだと思われる。したがって、この両表現の核心においては全く同じであったということができよう。

この両者の表現の基礎となっていたものは、過去においてかなり強く唱えられた「保存の神学」(die Erhaltungstheologie) によったものだと思われる。すなわち、聖書の始めから連続して示されている「神のあわれみによる人間集団の現存形態保存」の聖旨によったものだとする見方において、のべられたものだと思われる。この「神の保存」については、私は他の関係でのべているから――『聖書的説教とは?』(一九六八年、二八〇頁以下、『渡辺善太著作選集11』ヨベル、二八九頁以下)――これを少し長いが、読者諸氏のご理解を願うため引用することをゆるして頂きたい。

『旧約聖書から新約聖書を通して、「保存の神学」(die Erhaltungstheologie) のいう「神の憐みによる保存的配慮」があらわれている。すなわち人類の始祖が堕落して以来、その堕落にもかかわらず、神は人類の生活の全的崩壊を好みたまわず、それを免れしめんがために、その時代時代に、それを「保存」する方法を与えたもうた。すなわち原人の堕落の直後、裸かなる彼らをおおうために「皮衣《かわごろも》」を与えたもうた（創世記三・二一）。次いで弟を殺したカインとその族とが、全体的に滅び去るのをあわれみたもうて、これに「印誌《しるし》」を与えて、保護なしたもうた（同四・一五）。次いでノアの大洪水の後、人類のみならず、すべての生物の亡びざらんがために、これに「虹の契約」を与えたもうて、その安全を保証したもうた（同九・八―一七）。またバベルの塔建設の結果、人間の悪の極度に増大することにより、それ自身を崩壊にみちびくことから救わんために、その「言語を乱し」たもうた（創世記一一・六―八）。すなわち人類全体の「共同謀議」をしなくさせるためであった。

イスラエルが世界万民の中から選ばれて、特殊の民とせられたということも、それによって「万民祉福《さいわい》の基《もと》」がすえられるためであった（同一二・一―三）。もちろんイスラエルはこれには失敗したけれども、このことは逆にロトの場合にも現われた。彼が伯父アブラハムと別れてのちにも、その家族の滅亡を救わんがために、「天使をつかわし」ソドムから逃れ出でよと警告を与えたもうた。旧約聖書中をこんなことで、一つ一つその事実をあげればキリがない。この見方を「鍵」としてそこを見ればよくわかることである。

この「憐みによる保存」の事実を、ただ一つの聖句によって、示すとすれば、「神は過ぎ去った時代には、すべての国の人が思い思いの道を行くままにしておかれました。しかし、神は御自分のことを証ししないでおられたわけではありません」という言葉が最も適切だと思う（使徒言行録一四・一六―七）。

このことは本項のこの関係である「国家」という問題についてもおなじだった。サムエルが民衆から「我らに王を与へよ」と求められ、これを拒否しようとしたとき、神は彼に「民があなたに言うままに、彼らの声に従うがよい」というなだめのことばを語り、そして王制をイスラエルに立てさせたもうた（Ⅰサムエル記八・四―九、九章全体）。そしてこれが彼らに対して、「保存」として必要であったことを示さんために、「そのころ、イスラエルには王がなかったので、おのおの自分の目に正しいと見るところをおこなった」という言葉をしるさしめ、士師時代の叙述の結語となさしめたもうた（士師記二一・二五、一七・六、一八・一、一九・一、三〇）。

この意味において王制は、イスラエルにおいては、特に神の許したもうた制度であった。のみならず、それを代表したダビデが、ことに後のメシヤの象徴とすらせられたのであった。

こんな保存的な考えがあったので、前述のように、ローマ書も、テトス書も、ペトロ前書も、「神にある権威」に対して、それは「神の定めである故に、良心をもて従へ」と命じたわけである。

これによってしられるように、聖書、ことに新約聖書は、「平常時」における政治に対しては、平常心をもって、これに対すべきことを教えたのである。』

上述のような理由で、ローマ書十三章と前掲の新約聖書中の諸表現――「上にあるものにしたがへ」――を、その直接の意義を否定し、何らかのそこに言い表わされていない理由づけをして、例えば対政府の妥協だとか、「中間倫理」説のように「それまではガマンせよ」というように説明し、原始教会の対政治的態度として受けとらないという立場は、誤っていると断定されなくてはならない。もう一度くり返して言う。少なくとも、諸書簡の内容によって知られるかぎり、原始教会は、どこまでも、上掲の態度をとっていたし、またそれをその所属の人々に教えていたと断定することができる。

（3）パウロ書簡の教会観とその対「世界」態度

しからばこの対政治的態度をとっている「教会」とは、いかなるものとして新約聖書中、否、その書簡中にのべられているか。この点が明らかにされないと、この態度をとった教会の根源的理由が明らかにならない。

この点に関しては、特にパウロ書簡において最も明瞭な表現が見られる。まず教会については、

「一つの霊によって、わたしたちは、ユダヤ人であろうとギリシア人であろうと、奴隷であろうと自由な身分の者であろうと、皆一つの体となるために洗礼を受け、皆一つの霊をのませてもらったのです」（Iコリント一二・一三）と、民族的別や階層的別のないことがのべられ、また「そこではもはや、ユダヤ人もギリシア人もなく、奴隷も自由な身分の者もなく、男も女もありません。あなたがたは皆、キリスト・イエスにおいて一つだからです」（ガラテヤ三・二八、コロサイ三・一一）と、社会的階級および男女の性別さえもないことがのべられている。つまり教会は全く超「世」界的に、超「地」界的なものとして見られていることがわかる。

それではこの超世界的にして超地界的な教会は、何ゆえにそして何のために、この地上におかれているか？　それは「その十字架の血によって平和を打ち立て、地にあるものであれ、天にあるものであれ、万物をただ御子によって、御自分と和解させられました」（コロサイ一・二〇）という言葉が示しているように天地間の一切を和らがしめる機関たらんためである。言うまでもなく、これは終末時に実現せらるべき教会の本質であったが、それがパウロ等によって「先き取り」（vornehmen）されていたのであった。

この教会はその「召し」という点から見れば、それは「世の創《はじめ》の前より」であり、その原初的な場から言えば、それは「天の処」であり、その目的から言えば「時が満ちるに及んで、救いの業《わざ》が完成され、あらゆるものが、頭《かしら》であるキリストのもとに一つにまとめられます。天にあるものも地にあるものもキリストのもとに一つにまとめられるのです」わんが為だとされている（エフェソ一・四―一〇）。この表現は、イエスの最後の晩餐の時の祈祷にあらわれている「彼らも世に属していない」ものであるのに、イエスは「彼らを世から取り去ること」を願い給わず、しかも「わたしを世にお遣わしになったように、わたしも彼らを世に遣わしました」と言われている言葉の神学的解釈であり、その理論的発展であるように思う（ヨハネ一七・一四―一八）。

この教会が地上におかれているということは、もう一つの面からも見られる。それは教会は「キリストのからだ」であり（エフェソ一・二三、コロサイ一・一八、Iコリント一二・二七等）、そしてその「からだ」は、「一体」で、すべてがその首につらなっている。ところがこのキリストは、地上に受肉して来りたまい、天的の存在であったが、地的に生きるものとなりたもうた（フィリピ二・六―八「キリストは、神の身分でありながら、神と等しい者であることに固執しようとは思わず、かえって自分を無にして、僕（しもべ）の身分になり、人間と同じ者になられました。人間の姿で現れ、へりくだって、死に至るまで、それも十字架の死に至るまで従順でした。」）。この意味で、その「からだ」たる教会も、超世界的にして超地界的な存在でありながら「世界内」存在となり、そこにおかれているのである。

かくして教会の「共世界性」が、そこで考えられる。しかしこれは外の世界との「連帯性」においてではない。前述のイエスの最後の祈祷におけるごとく、「彼らを世から取り去ることではなく、悪い者から守ってくださること」（ヨハネ一七・一五）を願いたもうたという意味がそこにある。世界内におかれてはいるが、「教会」はそのおかれている世界の「悪」――その世界全体を支配している悪と、その部分部分に浸透している悪とに染まってはならない、という意味におけるおかれ方で、前述の「共に」とは、それが限界づけられたおかれ方をしているという意味である。したがってこの「共に」は、前述の「目的」成就のためにのみおかれていることの意味である。弁証法神学導入以来、わが国で流行した「連続と非連続」という論理が、ここに適用される——なおこの意味における教会性の解明は他の関係においてのべられているから、そこを参照して頂きたい（『渡辺善太全集』第六巻、七六一—八二四頁、『渡辺善太著作選集 第7巻』「解釈論Ⅱ／3」未刊、ヨベル）。

ただ一つここで、この教会の本質理解に欠くべからざる説明がのこされている。それは教会の地的創設が「聖霊」によってであるが（使徒言行録二章）、それは終末時において（歴史末の）、完成されるものなるがゆえに、現時においてその聖霊が、前述の「先き取り」に対する「嗣業の保証（御国を受け継ぐための保証）」、すなわちその「手付金」として与えられるということで（エフェソ一・一四）、その肢たる個々の信仰者は、その「御霊によりて歩む」ことが求められ、それによって「肉の欲をとげざる」ようにすべきだと、教えられているのである。

ここでこの終末的出来事としての「教会の本質」を、その時代において「先き取り」すべきだということは、パウロはきわめて注意深くローマ書中の「バプテスマに関する教え」の中に明瞭に解明している。「それともあなたがたは知らないのですか。キリスト・イエスに結ばれるために洗礼を受けたわたしたちが皆、またその死にあずかるために洗礼を受けたことを。わたしたちは洗礼によってキリストと共に葬られ、その死にあずかるものとなりました。……わたしたちの古い自分がキリストと共に十字架につけられたのは、罪に支配された体が滅ぼされ、もはや罪の奴隷にならないためであると知っています。……そして、死者の中から復活させられたキリストはもはや死ぬことがない、と知っています。死は、もはやキリストを支配しません。……このように、あなたがたも自分は罪に対して死んでいるが、キリスト・イエスに結ばれて、神に対して生きているのだと考えなさい」(六・三―一一)とは、彼がそこにのべている言葉である。

ことにここに用いられている最後の「考えなさい(思ふべし：文語訳)」という語そのものが、logisomai の一つの変化された形で、「そうなっていないものを、そうなっていると受けとる」という意味の語である。(to reckon, to impute, etc. halten f ⇒ ur, gerechnet werden zu Etwas, jemandem Etwas rechnen als, gelten als, rechnen auf ein Konto, u. s. w.)。これこそ「一体」としての教会の入口において、すでにキリストに救われたものは、この「先き取り」の信仰または確信において、受け入れられるというのである。

以上概説された教会の本質からみて、前述の教会が、対政治的の「直接」発言をしないという理由が明らかになってくる。もちろんその政治を「悪化」させている「悪霊」に対しては、後述するように、その全力をあげて立ち向かうべきことがのべられている（エフェソ六・一二以下）。この点は、しかし特にパウロの教会観と、それに立つ彼自身の政教関係に関する態度とについてのべるとき、いっそう明らかにされるであろう。

次に以上の教会観に立つ使徒パウロは、その使徒たる彼自身の「属籍」について、「我らの国籍は天に在る」（三・二〇）ことを、その晩年の書簡たるフィリピ書中に明言していることが注意される。これは地上における教会を、「天的」の国が、地上へ――例えば一国が他国に、その領事館・公使館・大使館等――その公館をおいているのと同様に見ていたものと考えられる。そして彼は「使徒」としての自己を、その代表者の一人として見ていたわけである。上記の「国籍」とは、この地上の公館の派遣のもとたる「天的の国」の市民であり、かつそこから遣わされたのであるという自覚において語られたものである。

この「国籍」とは、politeuma で、この国籍をあらわす政治的用語で、これを動詞にすると「市民にする」または「市民になる」という場合に用いられる。パウロがこの書簡を宛てているフィリピという「市《まち》」は、ギリシア本土の北方マケドニアの東側にあり、ローマの植民地であった。そこには何十年か前に、ある出来事のために、その市民権を剥奪され、追放された人々が、市民の中にまじって住んでいたので、パウロが「天の国籍」という語を用いたとき、それを聞いた人々には明瞭に理解された。

この天的国籍について彼が書いているとき、彼は明らかに地上の公館としての地上教会が、キリストの「からだ」であり、そしてそのキリストが天にいたもうことを意識しながら書いたものである。このことは彼が前掲の語のあとで、「主イエス・キリストが救い主として来られるのを、わたしたちは待っています」（三・二〇）と言っていることで明らかである。そして同時に彼がこのことを言うとき、彼の頭には「教会」が前述のごとき超世界的にして超地界的なる性格をもつものであることを意識しつつ、書いたものであることは明らかである。

彼は「使徒」であるということによって、彼自身の教会に所属する者であるということと、「外」世界との断絶の自覚とを、種々の方面で表現している。その一つの表現として、「この十字架によって、世はわたしに対し、わたしは世に対してはりつけにされているのです」（ガラテヤ六・一四）と、その世界との断絶的関係を明瞭過ぎるほど明瞭にしるしている。この意味の「先取り」は彼のみならず、新約聖書の諸著者が、みな――この語を用いていると否とにかかわらず――用いている概念で「そうなっていないこと」をつまり、「そう受けとっていた」ものである。このことはさらに、この教会を教会として創設し（使徒言行録二・一以下）、かつ教会たらしめる聖霊が――くり返えして言うが――実は終末時に与えられる「教会完成」に対する「嗣業《しぎょう》の保証」（手付金）として、前述のように、与えられるものとしるされていることによっても明らかである（エフェソ一・一四「この聖霊は、わたしたちが**御国を受け継ぐための保証**であり、こうして、わたしたちは贖われて神のものとなり、神の栄光をたたえることになるのです。」）。

このことはさらに、現実にそうなっていなかった当時の信仰者たちに、注意として「念のために語る」という意味において、新約聖書はいろいろな形で、勧めを書いている。「さて、あなたがたは、キリストと共に復活させられたのですから、上にあるものを求めなさい。そこでは、キリストが神の右の座に着いておられます。上にあるものに心を留め、地上のものに心を引かれないようにしなさい。あなたがたは死んだのであって、あなたがたの命は、キリストと共に神の内に隠されているのです。あなたがたの命であるキリストが現れるとき、あなたがたも、キリストと共に栄光に包まれて現れるでしょう」（コロサイ三・一―四）という言葉などは、この「先取り」と、この「勧め」との関係を示している代表的な表現である。そしてそれにつづいて、「今よりのち誰も我を煩はすな、我はイエスの印《しるし》を身に佩《お》びたるなり」（ガラテヤ六・一七「これからは、だれもわたしを煩わさないでほしい。わたしは、**イエスの焼き印**を身に受けているのです。」）と、きわめて強い言葉で言い切っている。

上述のことによって、パウロが教会をいかなるものとして理解し、またそれと周囲の「外」世界との関係を、いかに見ていたかということと、そしてその使徒である自己とこの世界との関係が、いかなるものであるべきかということとが、明瞭すぎるほど明瞭にされている。

ということはしかし、パウロがこの教会の本質的姿またはその「天的の国」というものとしての姿が、今ここで、「実現されている」とは考えていなかった。それは端的に言えば終末時（歴史末）において実現さるべきもので、それを彼が前述のように、いかにも「現実となっている」かのように言ったのは、実はその性格が、彼によって前述のように、くり返えして言うが、「先取」されていたわけであった。

(4) 使徒言行録に現われたパウロの「ローマ市民」的立場

書簡のこの問題に関する教説をのべたとき、特に「使徒言行録」をそこから除くことを前述した。これは次にのべるような、教会的立場に立つパウロが、本書によると、全く異なった「ローマ市民」としての立場に立ち、その権利を主張しているという、一つの不思議な現象が本書中に現われているからである。以下この「不思議な現象」について見ることとする。

今までわれわれが見てきたように、パウロは自身の書簡中に、自身の天的国籍と、それに属するということのゆえに、教会「外」世界との「断絶」を強く言っているが——驚くべきことには——この使徒言行録を見ると、彼の伝道旅行の伴侶だったと考えられてきたルカの記録によって、それとは全く正反対の「地的国籍」を彼が非常に強く主張したのみならず、それから出る自己の権利を、これまたきわめて強く行使していた、ということが見出される。

例えば、彼が伝道旅行中またはエルサレムにおける種々の場合に、ローマ官憲（高官たち）から鞭打たれようとした時、自己の「ローマ市民」であることを強くのべ、その権利を主張したことが見られる。まずフィリピにおいて投獄されたのち、その看守が「高官たちが、あなたがたを釈放するようにと、言ってよこしました。さあ、牢から出て、安心して行きなさい」と彼に告げたとき、彼は獄吏に対して、「高官たちは、ローマ帝国の市民権を持つわたしたちを、裁判にもかけずに公衆の面前で鞭打ってから投獄したのに、今ひそかに釈放しようとするのか。いや、それはいけない。高官たちが自分でここへ来て、わたしたちを連れ出すべきだ」と言った。この時、それを聞いた高官たちは、「二人がローマ帝国の市民権を持つ者であると聞いて恐れ、出向いて来てわびを言い、二人を牢から連れ出し、町から出て行くように頼んだ」としるされている（使徒言行録一六・三五―四〇）。

またエルサレムでユダヤ人が彼のことに関して騒擾をおこした時、千人隊長が「鞭で打ちただいて調べるようにと言った。パウロを鞭で打つため、その両手を広げて縛ると、パウロはそばに立っていた百人隊長に言った。『ローマ帝国の市民権を持つ者を、裁判にかけずに鞭で打ってもよいのですか』」と言った（使徒言行録二二・二四―二五）。そこでびっくりした百人隊長が、千人隊長にこのことを告げた。千人隊長は「あなたはローマ帝国の市民なのか。わたしに言いなさい」と言った。そのとき彼は、もちろん「然り（そうです）」と答えた。すると千人隊長が「わたしは、多額の金を出してこの市民権を得たのだ」と言うと、パウロは「わたしは生まれながらローマ帝国の市民です」と言ったので、千人隊長は「彼を縛ってしまったことを知って恐ろしくなった」としるされている（使徒言行録二二・二九）。

さらにまたエルサレムで、そこでおこった騒擾の責任者として捕えられたとき、千人隊長に対して、「わたしは確かにユダヤ人です。キリキア州のれっきとした町、タルソスの市民です」と、誇りげに言っている（同二一・三九）。

このパウロが「生まれながらのローマ市民」または「鄙《いや》しからぬ市の市民（生まれながらローマ帝国の市民）」と言っているのは、――これは少し通俗過ぎるが、日本で明治までの東京人が「俺は江戸っ子だい」と言った言葉と、何となく対応しているようにも私には感じられる――おそらく当時多く例があったように、一つの都市の建設時に、それを助けるために参加したユダヤ人が、その功績により、「市民権」を与えられた場合の一つで、彼の曽祖父あたりがこの意味の特権を得たのであろう。これはちょうどエジプトのアレクサンドリア建設の時に、それに大きな貢献をして、市民権を与えられたユダヤ人哲学者フィロの家系のようなものであろう。

これらの場合は、パウロがこの特権を主張したのは、単に鞭打たれることのいやさのために便宜的に言ったものではなく、明らかに彼が――その口調が示しているように――それを誇りと思っていたことを示していると思う。

このことはさらに彼がそのユダヤ人との騒擾《そうじょう》（騒動）の解決を「上訴」して、「カイザル（皇帝）の前に立たんこと」を求めたことによっても明らかにされる。彼はコリント教会にあてた書簡中に、教会問題について、外の世界の司直の権威者に訴えることを、強く否定し、「あなたがたの間で、一人が仲間の者と争いを起こしたとき、聖なる者たちに訴え出ないで、正しくない人々に訴え出るようなことを、なぜするのです。……あなたがたを恥じ入らせるために、わたしは言っています。……兄弟が兄弟を訴えるのですか。しかも信仰のない人々の前で」（Ⅰコリント六・一―六）と言っている。これによってみると、彼のカイザル（皇帝）への上告は、まず問題が「教会の問題」でなく「騒擾《そうじょう》罪」であったことが明らかにされる。ことにこのことは、使徒言行録一九章二三節と四〇節とによって明らかである。加えて使徒言行録中には、外の世界の司直者（裁判官）が彼の問題は教会またはユダヤ人内の「宗教問題」でなかったことを表示している言葉を語っていることによってもわかる。まずユダヤ人がパウロを責め、審判の座に引きゆき、パウロが「律法に違反するようなしかたで神をあがめるようにと、人々を唆しております」と訴えたとき、アカイアの総督ガリオンが「ユダヤ人諸君、これが不正な行為とか悪質な犯罪とかであるならば、当然諸君の訴えを受理するが、問題が教えとか名称とか諸君の律法に関するものならば、自分たちで解決するがよい。わたしは、そんなことの審判者になるつもりはない」と言って、彼らを審判の座から追い出した（使徒言行録一八・一二―一六）。これは明らかに私的な宗教上の問題のときは、ローマ官憲がそれに無関係だったことを示している。

さらにエルサレムで、彼がユダヤ人に訴えられたのみならず、彼らによって害されんとした危険のあったとき、ローマ官憲（千人隊長）が彼を保護し、総督フェリクスのもとに護送し、それに添書をつけ「この者がユダヤ人に捕らえられ、殺されようとしていたのを、わたしは兵士たちを率いて救い出しました。ローマ帝国の市民権を持つ者であることが分かったからです。ユところが、彼が告発されているのは、ユダヤ人の律法に関する問題であって、死刑や投獄に相当する理由はないことが分かりました……」としている（使徒言行録二三・二六―三〇）。これまたローマ官憲が「ユダヤ人間の宗教問題」はこれをとり扱わず、しかもそれはローマの立場から見た罪にあたらないことを示す言葉である。そしてさらにこの問題が紛糾してきたとき、総督フェリクスは「今回はこれで帰ってよろしい。また適当な機会に呼び出すことにする」（同二四・二五）と言って、それに直接介入しなかった。そしてフェリクスの後任フェストゥスに、またまたユダヤ人がパウロを訴えたとき、パウロが「我はカイザル（皇帝）に上訴せん」と言ったので、フェストゥスは彼に「皇帝に上訴したのだから、皇帝のもとに出頭するように」として、彼を断罪しなかった（二五・一二）。

次にヘロデ家のアグリッパ王がカイザリヤに来たとき、フェストゥスはこのことを彼に語り「パウロは、皇帝陛下の判決を受けるときまで、ここにとどめておいてほしいと願い出ましたので、皇帝のもとに護送するまで、彼をとどめておくように命令しました」(二五・二一)と言ったが、アグリッパがパウロに会いたいと言ったので、パウロをその前に引き出した。この結果パウロがユダヤ人としては何ら訴えられるべき宗教的行為をしたこともないと言い、さらにキリストに関してのべた。そのために、フェストゥスも驚いたとともに、アグリッパもパウロに罪のないことを認めた。そして総督も王もこれを相談して、そこで二つの重要なことを言っている。すなわち「あの男は、死刑や投獄に当たるようなことは何もしていない」——つまりこの訴えはローマの立場からすれば、何ら罰せられるべきではないことを示し、そして次に「あの男は皇帝に上訴さえしていなければ、釈放してもらえただろうに」と、パウロの上訴が何ら宗教的な問題でないことを明確に語っている(二六・二四—三二)。

これらのことは、パウロの上訴が、何らローマの立場からすれば、罪に問われるべきものではないことを示すとともに、その決定をカイザル(皇帝)によってなされることを求めたということを示している。換言すれば、パウロは彼の「ローマ市民」である権利を徹底的に行使し、彼に責任がないにもかかわらず、訴えられたということに対して、ローマの至高者に政治的裁断を仰いだことがここに立証されている。

以上のことは、パウロが教会の使徒としての――天的市民であることと、地的帝国の市民たることとを明らかに「区別」し、後者の立場においては躊躇《ちゅうちょ》することなく、「政治的」にまたは「法律的」に行動したことを、十分に立証している。

以上のすべてのことは、われわれの当面の問題に対して二つの点を明らかに立証している。その第一は教会の代表者としての使徒である彼は、それとして立つとき、一切政治的介入をしなかったのみならず、それに対する発言さえもしなかったという点である。その第二は、しかし、ひとたびローマ市民としての――すなわち教会「外」世界に立つときには――その市民権を徹底的に行使し、その最高司直者（皇帝）の裁断までも要求したという点である。このことは彼においてはじめてなしうることであって、彼以外の教会の指導者たちには、ローマ市民権がなかったからそれをなしえなかったのである。というのは、新約書簡中に、これについての言表の見出されないのは、そのためであると結論せざるをえない。

こう見てくると、前述の「政教分離」論が教会の使命は一に、「福音宣教のみ」とした点は正しいとしても、「では、それから?」という点に一切答えず、時代の問題に対して、全く無視または無関心の立場をとっていることが、あやまりであることを知ることができる。したがって教会の会員が、その属する「国家の市民」としての義務を、いかにして果たすことができるか、ということに対して教会としては、何ら答えることができないし、また答えることをしなかった、という根本的弱点、または欠点を示していることが知られる。

次に第二の立場である「政教一致」論に立つ者が、政治的発言と福音的宣教とを「同次元」においてこれを視、かつその見方によって言動していることは、全く聖書的に言って誤謬であると言わなければならない。ただしかし、この人々が、政治的言動をなおざりにすることができず、時代の問題に対して無関心ではいられないと感じている点は正しいが、それに対する「答え」の「位置づけ」を、聖書的に神学的に解明することができないための誤謬であることを知る。そしてそれが結局、教会の本来的存在意識をあやまり、その本来的宣教をすらも、混濁させるということに気づかないということにおいて——この聖書的研究の不十分なことと、その知識の浅薄なことがそれによって暴露されていることがわかる。

叙上の「ローマ市民」タルソスのサウロの態度により、この世界に不可抗的におかれ、一国家の国民たる責任を負わせられている、キリスト者の言動に対し、その責めを果たすべきことの「位置づけ」が解明される。

(5) 教会の使徒パウロとローマ市民タルソスのサウロ
——教会「内」宣教者と教会「外」証明者——

教会の使徒パウロとローマ市民タルソスのサウロとの、ひいては今日の、教会「内」宣教者と、教会「外」証言者との関係が、一応ここで考えられなければならない。

この関係は第一に、この二つの立場が、全く相異なる関係に立っていた。すなわちパウロ自身この二つの立場に立とうとするために、積極的かつ決断的にそうしたのであったということ。第二に、この二つの立場は、そこに立つ人の戦闘目標を異にしていた。すなわち教会の使徒としてのパウロは、世界とその中の人間個人個人とを捕えている「悪魔」、すなわち宇宙的根源悪を目標としたが、ローマ市民であるサウロは、現実の世界に現われている社会と個人との悪をその戦闘目標としていたこと。第三に、パウロはこの相異なる立場を、取りはしたが、もちろんキリストを信ずる信仰を捨てたのではなかったということ。第四に、この相異なる立場を、キリスト信仰をもちながら積極的に取ったのは、一に、教会「外」に証言するためであった(使徒言行録二〇・二三—二四)。したがって彼がローマ市民としての立場を取ったのちにも、キリストは直接に、彼に対して、それによって「証言せよ」と言い給うた(同二三・一一「証しをしなければならない」）という諸点からなっていた。

以上の四点を要約すると、この二つの立場は全く異なってはいたが、それをつなぐものとして、「キリストを証しする」という点があったことが明らかにされてくる。つまり、この二つの異なった立場は、同一の「基底」をもっていたわけであった。くり返して言うが、ローマ市民タルソスのサウルは、これがために常にキリストから、「その証し人としての信仰的生命力」を――その「教会の首」（「隅《すみ》の首石《おやいし》たり」）であるキリストから与えられていたわけである。

このことは、このままで、今日のわれわれにあてはまる。教会「外」に、一日本国民として立つとき、この信仰的生命力を、われわれは教会から受けなければならぬということになる。この意味において、教会「内」の宣教者と、教会「外」の証言者との関係は、立場的に見れば、非連続的だが、基底的に見れば連続的であると言わなければならない。私がここに言う「第三の立場」の理解に対しては、この点がきわめて重要である。この関係はこの意味で、全体的に見れば、非連続にして連続という、一種の弁証法的なものであると言える。

このことはパウロ自身よく自覚していた。換言すれば、パウロ自身、彼の存在の基底は、「証言者」であるが、この対世界態度として前述の政治的行動が、立場を異にすることによってなされえたのだと言うべきである。

このパウロの「基底」となっている証言者性は、絶えず神による被造者としての「主体性」においてはじめて、それがどこにおいても、いかなる機会においても、鮮明に保持されうるものであったし、また保持されなければならないものであった（岡村民子著『聖書における人間の主体性』一九六九年、新教出版社、一六〇頁以下参照）。そして、この意味の「主体性」は、われわれの場合には、われわれの属する教会における説教と聖書研究とによって、常に新しく、常に力づよく保たれるものである。ここに宣教者と証言者との「連続性」が、必然的にあることが明らかにされる。これが切断されるとき、教会「外」証言者は、その本質を失い、その存在の意義を喪失することになる。

こう見てくると、教会「内」宣教者は、もっぱら世界に対して、「恒久的」救いを与えるために語るのであり、教会「外」証言者は、これに対して「時代的」解釈を与える者であることがわかってくる。私はこの関係を、古代人が発明した二つのものによって象徴したいと思う。

その一つは「指南車」によって。これは古代支那における重要な発明の一つで、今の磁石を用いたもので、常に車上の仙人の木像の指が南をさすように作られていた。この発明以来人間はこれを常に「南北」の方向を示すために用い、いかなる状況下にあっても、その方向と目的地とを見失わないために用いられた。次は「風見」である。これは家屋の屋根または船中などに設けられ、風に従って、クルクル回わり、転向するようにして、風の方向を知るための道具であった。ゆえに風向計・風信機とも呼ばれる。その時々の風の方向を知るために用いられた。

この二つは「教会の使命」に対し、またその「外」に遣わされた——あるいは投げ出された世界における、「証し人」の行動に対する比喩的指針ともなる。教会に対しては、「指南車」が「主」で、「風見」は「従」となる。それによって教会はその大目的たる「方向」を常に意識し、かつ目ざして進むことができるのである。しかしその時々の「外」の世界の状況に対して、無関心であってはならないし、その風向きを知るべきだということを教える。「証し人」に対しては、その目的点またはその証しの指示するそれを意識していなければならないことはもちろんだが、その時所位におけるその時々の状況判断を、できるだけ確かにもたなければならないということを教える。したがって、彼にとっては、「風見」が「主」で、「指南車」が「従」となる。

この意味で「証し人」が投げ出されたこの世界においては、常にこの二つの器具の用途と、その位置づけとを認識して行動しなければならない。

これこそ如実に、われわれの当面の問題たる「教会『内』の宣教者」と「教会『外』の証言者」との在り方の関係と、その差異面および共通面とを示している。これをとりちがえると、お互いにその使命の誤認となり、ひいてはとんでもない錯誤をもたらすことになる。

ここまで書いてきたら、日本基督教団の機関紙『教団新報』(三五四五号・一九六九年二月一日)が届いた。これを見ると、この「論説」の終わりに「このような新しい状況の下で、『政教分離』の正しい在り方を監視し維持することは、勝れて今日的な教会の責任でなければならない」と書かれているのを見出した。ところが数年前この機関紙の第一頁に(三五〇九号・一九六七年八月五日)、「この意味で、今日の政治の問題を宣教とは次元の異なった副次的な事柄と考えることは、根本的な誤りである。宣教の問題と政治社会の問題とを二元論的に考えることこそ、日本の過去の教会をして、国家権力と妥協させてしまった誤りであった」と書かれているのを見た記憶がある。もっともこれにはその筆者の署名があったから、その社説ではなかったかもしれない。しかし少なくとも教会の機関紙の第一頁に、「今日の宣教の課題」と題して書かれていたのだから、全然この機関紙と無関係であったとは思われない。だが前掲の一文とこの一文とを比較して見ると、日本基督教団のこの問題に対する態度も――いずれが正しいかは別として――一大飛躍をとげたものと感じられる。

しかるに前の方の引用文に対して、その後何ら反対論が、出されたということを聞いていない。してみればこの一大飛躍は、教団の公的立場の飛躍と見ることが許されるだろう。

ここで私が感じさせられることは、この『教団新報』のあとにあげた方の「政教分離」に対する聖書的および神学的基礎づけと理論化とが、明らかにされるように祈ることが必要だということである。だがそれが、「監視と維持とに注意することが、今日的教会の責任だ」と言いっ放しにならないよう切に祈る次第である。

以上が「政教関係の第三の立場」という私の主張の概観である。またそれによってする他者に対する批判でもある。

四　現在日本の教会における自己批判

ここで現在の教会の在り方に対して、それ自身の内側からの――しかり、内部の真面目にして信仰的な会員からの自己批判が出てくる。すなわち「教会がもしそんなものだとすれば、われわれが現在見ている現実の教会が、それだというのか？　もしそうだとすれば、われわれがその中におかれている、われわれの教会の現実の姿をどう見たらよいのか？」という「問い」である。これは天的教会が地的なそれになっているという関係と在り方とが、その問者自身に、聖書的に十分に理解されていないための問いである。

まず結論的に――少し牧会的にひびきはするが――これに答えると、地上でわれわれが見せられている現実の人間の集団としての教会は、それ自身の中に、天的のものと地的のものとをもっているが、それは人間的には、分離できない関係におかれている。この両者を人間的に分離しているところに、長い間、「見える教会」と「見えざる教会」との関係について、論争がくり返されてきた理由がある。

だれでも地上の人間の集団としての現実教会に加えられれば、二、三年でその中には「信仰者と思われない人々」が含まれているということに気がつく。そこから前述の分離論がおこるのであり、教会否定なるものは、ここから出ていることが多い。たが、この「分離」しようとするところに、大変な誤謬のあることを知らなければならない。われわれが地上に存在している以上、われわれの対人評価は、ほとんど不可避的ともいうほどに、周囲の地的道徳の規準をあてはめている。これはきわめて自然なことで、天的道徳？　が新約聖書に教えられていても、それがわれわれの全存在に浸透するということは、長年月を要することであるとともに、人によっては生涯できないものもある。ところが教会内の人々についてその真偽の評価を、この地的道徳の規準によってするとなると、誰にでもわかるように、そこに原理的な矛盾または錯誤がおこる。「偽りらしい」とは思っても、その判定または審判は、必ずといってもよいほど、誤謬に陥る。

これを教えたのがイエスの「真麦と毒麦」の譬えである。弟子たちがイエスに、この両者の別をいい立て、毒麦の方を抜いてすてようと言ったとき、イエスは「いな恐らくは毒麦を抜き集めんとて真麦をも共に抜かん。両《ふたつ》ながら収穫まで育つに任せよ。……」と教えたもうた（マタイ一三・二四―三〇）。

このイエスの教えは、もちろん神の国の仰望者《ぎょうぼうしゃ》の真偽について教えたものだが、われわれの今の問いの場合にも、より深刻な意味であてはめられなければならない。「見える教会」と「見えざる教会」とは、こんな意味で、われわれが地上に生きている間は、その分離を人間として試みるべきではないと、ましてや自分で審判的にこれを決定し、または断定してはならないという議論が、ここから出るのである。と言っても、しかしこの二者は、言うまでもなく、完全に合致しているものではない。ではこの関係は具体的にはどう考えたらよいか？

これは比喩的に言うと、われわれの両手の平を離した場合と、合わせた場合との二種類の場合とで考えられる。まず両手を離した場合、これはこの教会の二種の見方を分離することに当たり、次に両手を合わせた場合には二つある。一つは両「手の平」が合ったのみならず、「指」もそれぞれ全く合っている場合がある。これはこの教会の二種の見方が完全に合致している場合とみられる。ところが次に両手の平は合っていても、「指」だけは合っていないという場合がある。これがちょうど、教会の二種の見方に、合致している場合と、合致していない場合のあることを示している。

「見える教会」と「見えざる教会」との関係は、後者が前者のうちに、前者とともにあることは明らかだが、それはそれぞれ合致するものではない。と言っても、両者が完全に分かたれて、無関係に離れているものでもない——もう一度言うが、この両者は、真が偽の中に、そしてそれとともにある、ということを意味している。否、真が偽の中にというと、もう既に私のこの文章自体が、しかも両者の分離されているのが事実であるかのごとき観を与える危険があるが、そうではない。この認識がないと、その人の教会観が、全く誤ったものになってしまう。

こんな蛇足はさておいて、天的教会と地的教会との関係は、聖書的に言えば、以上のごときものであることを、知っておく必要がある。ゆえに、どこまでも、「教会」は上述のように、考えられなければならないと、私は思っている。

五　パウロの二つの立場の示す「問題性」

以上のべてきたような、パウロにおける全く異なった二つの立場――「教会使徒」としてのそれと、「ローマ市民」としてのそれとが、新約聖書に記録として残されていることに含まれている「問題性」は、少なくとも寡読《かどく》（物事を見聞きすることが少なく、見識に乏しいさま。物事に疎いさま。）の私には、どこにも今まで提出されていなかったように思う。もちろん私とても、過去六十数年間聖書に親しんできたにもかかわらず、パウロに関するかなり多くの書物を読んだにもかかわらず、五、六年前までこの問題を感じなかったことから言えば、上述のようなことを大きな声で言いうるものではない。

しかし問題は問題である。以上パウロの二つの立場が、上述のように明瞭に新約聖書中にしるされていることは、聖書を自らのあらゆる生活の規準としている者――ことに教会の教師たる者――は、それを少なくとも「問題」として感じなければならないし、また感じないとしたら、少しおかしいと言われなければならない。実はこの原稿のこの部分を書き終えてのち、偶然五、六人の教師諸君といろいろ話しているうち、この問題が、会話の中に出てきたとき、私がこれを問題とするということを話したとき、その人々には、問題として受けとられなかった。それは私には大きな驚きであった。自分がその問題に気づかなかったとしても、他者からそれを言われた時、その問題性が、問題として「なるほど」と感じとられなければならない重要な事柄だと思う。もちろん、この問題を私と同じように感じかつ受けとるということは、私がこのあとに書いている解釈と回答とを、認容するということを意味してはいない。こんなことは言うまでもないことである。

聖書を自己の生活のすべてに対して、「規準」としている者としては、そしてその聖書の研究に耐えず心を注ぐ者としては、その聖書のいずれかの部分に対して、何かの新しい「問題」を感じないかぎり、その人の聖書研究は深まりもしないし、また進歩することもない。ことにこのことは、日本のそういう人々の一つの弱点と言われることではなかろうか。欧米の学者の書を読み、そこに言われている新しい問題を、初めて問題として感じ、そしてその人の解釈に従い、その線に沿って聖書を研究してゆくというのが、どうもそういう人々の習わしであるかと私は感じている――どうかこんなおこがましいことを書くが、まあ、お怒りにならないで、私の言っていることをよくお聞き、否、お読みください。

このパウロの二つの立場が、問題だということを、もう一度ここで端的にのべよう。彼は一方では終末時に実現されるべき教会の本質を、現時点において実現されたものとして、それを先取し、それに従って自己の対世界態度をガラテヤ書六章十四節（このわたしには、わたしたちの主イエス・キリストの十字架のほかに、誇るものが決してあってはなりません。この十字架によって、世はわたしに対し、わたしは世に対してはりつけにされているのです。）および十七節（これからは、だれもわたしを煩わさないでほしい。わたしは、イエスの焼き印を身に受けているのです。）のごとく、それを「断絶」として宣言している。

ところが、他方彼は自己がローマ帝国の市民であることを主張し、かつそれを徹底的に進め、ローマ官憲が「君はもう罪はないんだ」と言っているにもかかわらず（使徒言行録二三・二九「ところが、彼が告発されているのは、ユダヤ人の律法に関する問題であって、死刑や投獄に相当する理由はないことが分かりました。」）、彼は自己のローマ市民権に立ち（同二一・三九「パウロは言った。『わたしは確かにユダヤ人です。キリキア州のれっきとした町、タルソスの市民です。どうか、この人たちに話をさせてください。』」）、どうしてもカイザルに上告すると主張し（同二五・八—一二「パウロは、『私は、ユダヤ人の律法に対しても、神殿に対しても、皇帝に対しても何も罪を犯したことはありません』と弁明した。しかし、フェストゥスはユダヤ人に気に入られようとして、パウロに言った。『お前は、エルサレムに上って、そこでこれらのことについて、わたしの前で裁判を受けたいと思うか。』パウロは言った。『私は、皇帝の法廷に出頭しているのですから、ここで裁判を受けるのが当然です。よくご存じのとおり、私はユダヤ人に対して何も悪いことをしていません。もし、悪いことをし、何か死罪に当たることをしたのであれば、決して死を免れようとは思いません。しかし、この人たちの訴えが事実無根なら、だれも私を彼らに引き渡すような取り計らいはできません。私は皇帝に上訴します。』そこで、フェストゥスは陪審の人々と協議してから、『皇帝に上訴したのだから、皇帝のもとに出頭するように』と答えた。」）、そしてローマに送られることになったというのである。

この二つの立場の違いは、われわれ聖書研究者には、どうしても、その神学的・理論的解明を必要とする差違である。それを神学的・理論的解明には拠らず、かつ当たり前のことであるかのように受けとっているということは、怠慢であるのみならず、どうかしていると言われなければならない態度だと私は思う。

もちろんくり返して言うが、私が六十年余聖書にふれてきながら、やっと五、六年前に、この

「問題性」を感じたというわけだから、上述の私の言葉は、「自分のことを棚に上げて」と言われるだろうし、また言われても仕方がない。だが、そういうことを言われるほど強く、今の私はこれを感じ、どうしてもこれを神学的・理論的に解明しなければならないし、また解明しないではいられないという気持ちにみたされているわけである。

　さらにこの問題性を、如実に示すパウロの言葉がしるされている。「われ凡《すべ》ての人に対して自主の者なれど、さらに多くの人を得んために、自ら凡ての人の奴隷となれり。我ユダヤ人にはユダヤ人の如くなれり、これユダヤ人を得んが為なり。律法の下にある者には――律法の下に我れはあらねど――律法の下にある者の如くなれり。これ律法の下にある者を得んがためなり。……律法なき者の如くなれり、これ律法なき者を得んがためなり。……われ福音のために凡《すべ》ての事をなす、これ我も共に福音に与《あづか》らん為なり」（Ｉコリント九・一九―二三）。

　わたしは、だれに対しても自由な者ですが、すべての人の奴隷になりました。できるだけ多くの人を得るためです。ユダヤ人に対しては、ユダヤ人のようになりました。ユダヤ人を得るためです。律法に支配されている人に対しては、わたし自身はそうではないのですが、律法に支配されている人のようになりました。律法に支配されている人を得るためです。また、わたしは神の律法を持っていないわけではなく、キリストの律法に従っているのですが、律法を持たない人に対しては、律法を持たない人のようになりました。律法を持たない人を得るためです。……福音のためなら、わたしはどんなことでもしま

す。それは、わたしが福音に共にあずかる者となるためです。(Iコリント九・一九―二三：新共同訳)

このパウロの言葉を読むとき、われわれは彼の福音宣教と、すべての人を得んがためには、どんなことでもするという熱情がよくうかがえる。ところがこの言葉の中で、われわれの注意をひくことは、「の如くなれり」と言っていることで、「それとなる」と言っていないことである。すなわち彼はユダヤ人「の如く」または異邦人「の如く」とは書いているが、「そうなる」とは言っていないという事実である。

この言葉と、パウロが「ローマ市民」として彼自身の権利を堂々と主張した事実とは、どうしても調和しない。この場合には、「の如く」ではなく、それと「同じくなった」のである。よく「証しの為に」彼はそうしたのだという説明者があるが、「福音宣教」または「人を得んが為」にさえ、「の如く」という点までしかゆけなかった彼が、それを超えて、「それとなった」ということは、どうしても聖書を忠実に読む限り、「問題」と言わざるをえない。

それにもかかわらず、この差異または矛盾に対して、「問題」を感じないということはどういうことだろうか？

この問題性を感じないということは、私の想像によると、従来の神学において、「教会人」(教会所属の信徒)は、どこへ出ようと、教会人として語るべきであり、行動すべきであると教えられた。だがそうすると、福音宣教のみを語り、政治的・社会的問題には介入してはならない、という教会自身の立場が、その教会人をしばって、ふつうの社会人としては立てないようにしてしまうのだが、それでもかまわないし、そうすべきであると考えられてきた。この考え方が、このパウロの二つの異なった立場が意味する、神学的「問題性」を、感じさせないようにしてきたのであろうと考えられる。

もちろん、私自身この「問題性」に気づくまでは、この教会的態度を説教もし、主張もしてきたのであった。だが今や私は、この「問題」に迫られ、何とか従来の私のこの態度を、再考せざるをえない立場にまで押しつめられたというわけである。

第二　教会「外」世界に立つ証言者

この第二部においては、「ローマ市民」タルソのサウロの立場によって示されている「教会外世界に立つ証言者」について、私の考えるところをのべていく。

まず最初に、第一部の冒頭に、教会の敵たる悪魔——宇宙と世界内の全人類を堕落させた根源悪——についてのべたのに対応して、ここでも冒頭に、教会「外」証言者がそこで直面せざるをえない「国家悪と政治悪」とについてのべ、進んでそれに直面する者としての証言者が、そこで不可避的に受けている「規定」と「制約」とについてのべる。さらに進んで、彼に関する諸種の面について論じていく。

かくして最後に、この教会「外」証言者の証言なるものが、それが命がけの証言であるにしても、教会「外」世界のあらゆる問題に対して——政治的・社会的・経済的等々——決して恒久的性格をもちうるものでないことを、エルンスト・トレルチ（Ernst Troeltsch, 1865 - 1923）の言葉によって示そうとした。

要するに、この教会「外」証言者の教会「外」世界における、言・行・生による証言なるものは、教会「内」の福音宣教に対して、「副」としての意義をもつものであることをのべたつもりである。

一　教会「外」世界の政治悪と国家悪

本書第一部の冒頭には、教会「内」の福音宣教者が、常にその敵と目ざす「悪魔」――宇宙と世界の全人類、ひいてはその個人までを、罪に陥れている「根源悪」――の聖書における発達をのべた。この第二部においても同様に、教会「外」世界に立つ証言者が、そこで直面せざるをえない、「政治悪と国家悪」の悪がどんなものであるかを、論述することとした。もちろんこの問題は、一国家内にとどまるものではなく、世界的、または国際的なそれとして、今日まで現われてきたし、また今日現に現われている。

しかし要するに、教会「外」世界としての日本におけるそれが、世界各国のそれと競争しつつ、国際的舞台において、その姿を表わすのだから、ここではこの程度の論述にとどめることにしておく。

明治時代に教育を受けた者は、少なくとも中学で、日本外史、史記列伝および四書の中の一書、多くは論語の講義を聞いたものである。そこで、その漢文全体を通して印象づけられるのが、「修《しゅう》身《しん》・斉《せい》家《か》・治《ち》国《こく》・平天下《へいてんか》」という言葉で、それにより人間生活の全般が表現され、しかもそれが「天下を平らかにする」という、政治的理想によってしめくくられているということを教えられ、私などは何もわかりもしないのに——二十歳までは不良学生だったため——この言葉に非常に印象づけられた。

この表現は、今日なお意義をもっていると思う。家の問題にしても、個人の問題、国すなわち都府県の問題としても、それが一つとして政治に直結しない問題はないと言ってよい。前述したように、今日は経済社会および諸般の問題で、一つとして国家全体の「政治」に直結しないものはありえないし、また現在見出されない。この意味において本書でのべてきた一切は、実は日本の「政治」の問題として、しぼられてくるわけである。

ところがこの「政治」そのものが、その字義通りの意義のみでは、尽くされないところに問題がある。端的に言うとその問題は、「政治悪」という一語にしぼられてくる。およそ政治にして、「悪」につながらないものはないとさえ言われている。現在この「悪」の問題が、単なる倫理的なそれのみではなく——キリスト教会における神学においてはもちろんだが、しかし、これはおのずからいうところのそれとは次元を異にしているし、今ここでとりあげる問題ではないし、またそれは本書第一部において言及されているから、ここではそれについてはのべない——ゆえにここでは政治そ

郵便はがき

113 - 0033

恐縮ですが
切手を
お貼りください

東京都文京区本郷 4-1-1-5F

株式会社ヨベル YOBEL Inc. 行

ご住所・ご氏名等ご記入の上ご投函ください。

ご氏名：　　　　　　　　　　　　　（　　　歳）

ご職業：

所属団体名（会社、学校等）：

ご住所：（〒　　　-　　　　）

電話（または携帯電話）：　　　（　　　　　）

e-mail：

表面にご住所・ご氏名等ご記入の上ご投函ください。

●今回お買い上げいただいた本の書名をご記入ください。
書名：

●この本を何でお知りになりましたか？
1. 新聞広告（　　　）2. 雑誌広告（　　　）3. 書評（　　　）
4. 書店で見て（　　　書店）5. 知人・友人等に薦められて
6. Facebook や小社ホームページ等を見て（　　　）
●ご購読ありがとうございます。
ご意見、ご感想などございましたらお書きくだされぱさいわいです。
また、読んでみたいジャンルや書いていただきたい著者の方のお名前。

・新刊やイベントをご案内するヨベル・ニュースレター（E メール配信・不定期）をご希望の方にはお送りいたします。
（配信を希望する／希望しない）

・よろしければご関心のジャンルをお知らせください
（哲学・思想／宗教／心理／社会科学／社会ノンフィクション／教育／歴史／文学／自然科学／芸術／生活／語学／その他（　　　）

・小社へのご要望等ございましたらコメントをお願いします。

自費出版の手引き「**本を出版したい方へ**」を差し上げております。
興味のある方は送付させていただきます。
資料「**本を出版したい方へ**」が（必要　　必要ない）

見積（無料）など本造りに関するご相談を承っております。お気軽にご相談いただければ幸いです。

＊上記の個人情報に関しては、小社の御案内以外には使用いたしません。

のものの奥底に、ここに導かるべき何らかの「力」があると見られている点が重要である。今私の机上にある書物だけをとっても、C・S・ルイス『悪魔の手紙』(蛭沼寿雄・森安綾訳、一九六〇年、新教出版社)、ブーバー『人間悪について』(野口啓祐訳、一九六八年、南窓社)、『講座・現代倫理2』(本書はとくに「悪について」と題している。一九五八年、筑摩書房) などがあり、このほかここには掲げきれないほど出版されている。

しかし最近創刊された月刊雑誌『諸君』(文芸春秋社、八月号) に、この問題について高坂正堯《こうさかまさたか》氏 (1934 - 1996) が、「権力なき国家の幻想」というきわめて面白い一論文を発表している (一七―二九頁)。この論文はきわめてわかりやすく、われわれ素人向きに、「国家と権力」との問題を論じている。私がここで言わんとする「政治悪」という点も、この論文と直接に関係し、広い視野から、これを解説し、「権力なき国家はありえない」という点に、その論点をしぼっている――私事にわたって恐縮だが、テレビでいろいろの会談にこの人が出席して論じていても、どうもその論旨がぼかされている感じで、好感が持てなかったが、この論文はそれとまるでちがっているという印象を受けた。

氏はまず第一に「幻想の時代」と題して、今日の日本では、一方に国家の権力に対して造反的態度が強くなっているのに、他方種々の社会悪、経済悪に対して国家の処置が甘過ぎるということ、換言すれば、国家権力強化への要望が強くなっているという点において、その無意識の矛盾を指摘している。そしてその終わりに、「しかし現実は、その逆ではないだろうか。権力の必要を認めないという途方もない幻想が、政治を混乱させ、その結果、政治権力を一層強めることになってしまったのではないだろうか。少なくとも、そこに悪循環が存在していることは否定できないように思われる」と、この項を結んでいる。

次に（二）として、「幻想の起源と性質」という題で、この矛盾の歴史的転移についてのべている。この中でその権力と国家とを否定する意味の「アナーキストはふるくから存在するが、それが政治理念を支配するというようなことはなかった。国家権力の行使をできるだけ制限しようとした十九世紀の自由主義者たちも、内にあっては秩序を守り、外に向っては外敵から国家の安全を保障する機能を国家に与えた。……恐らく人々から遠い存在である国際政治については、さまざまな幻想をいだくことが容易であったのに対して、身近かな国内の問題については、秩序の維持ということが現実の必要であり、それを否定することがむずかしかったのである」とひとまずその書き出しを結んでいる。

次に小見出しを「民衆の抬頭と政治の混乱」と題して、十九世紀から二十世紀にわたってのいろいろな思想家の発言をのべながら、この点を論じている。ここには年代的順序不同で、ブライス、チャーチル、ルソー、マルクス、ベンサム等の名が現われ、そこには浅薄なマルクス主義に基づいて、『『権力なき国家』の幻想が強められたが、しかし資本主義社会が破壊され、現在の階級対立が克服されたあとで、来るべき社会には深刻な対立はないとされている。しかしそのことについての科学的証明は存在しない。彼ら（マルクス主義者）は、現在の状況の悪を鋭く分析することにおいては、現実に鋭いメスを入れるけれども、現在の社会を破壊したあとに来るべき社会についてては、証明抜きで、共同体が現われるとのべているのである。恐らくそれは、彼らが人間性を、単純な仕方で規定していることによるものであろう。そこに『権力なき国家』の幻想の第三の特徴が存在するのである」としるしている（二一頁）――何だかこれを読んでいると安保条約に強い反対を表明している現在の日本のある人々が、それを廃棄してのち「では、それから？」という青写真を与えていないという批評に酷似していることに気づかせられる。

次に（三）「権力なき国家の幻想の帰結」と題して、この主題が示している考え方が、結局成り立たないということを論じている。氏は言う。「実際には政治権力をめぐる現象について、われわれはほとんど逆の前提をおかなくてはならないように思われる。すなわち、これまでの歴史を見る限り、次のような事実を否定することはできない」と。次に、その「前提」の説明をしている。「第一」に、治める者と治められる者の区別のない共同体は存在しない。少なくとも――ギリシャのようにきわめて少人数の共同体においては、そのことがあったかもしれないが――国家の規模が大きくなり、社会の仕組みが複雑になってくると、どうしても社会を運営する機構としての「国家」が現われる。こんな時、支配者と被支配者の区別の現われることはさけられない。「第二」に、自然の共同体などというものは少なくとも、近代産業国家においてはありえない。自然の共同体の存在を前提する人々は、そこに人間どうしの間には、確かに人間は協力しあう存在である。だがしかしそれと同時に、人間はその協力関係において、他人よりも優位に立ち、より大きな発言力をもとうとするものであることが忘れられてはならない。こういうところに治者と被治者との別が現われることが、当然過ぎるほど当然であるといえよう。「第三」に、こんな社会を管理する機構や社会に、秩序をもたらす機構は、力と価値と利益との組み合わさった体系である。すなわちそれは単なる力の支配ではなく、その基礎には、その構成員が正統と認める価値の体系が存在するし、また構成員の利益の共通性がなくては存在しえない。したがって、それが体系であるから、当然異なった体系をもつ国や集団や個人の衝突は、複雑な形をとるようになる。

　上述のような三つの現実は、人間の社会が存在する限り、さけがたい現実なのである。だから近代の歴史においては、人々がもっている「権力なき国家」の幻想が、これによって裏切られることになった。したがって国際政治では、正義のための戦争が、かつてない激しさをもって戦われた。というのは、国際社会には、全体に共通するような道徳もないし、またそれを保障するような機関も存在しないから、一つの国のかかげる理想が、国際的に認められるというようなことは決してない。ゆえにそれを正面きって否定する国が必ず現われる。

　そこで一つの理想をかかげ、それを実現することを外交の目標として、押し進める国が現われた場合には、世界は善と悪との両勢力に二分され、その理想の現実に障害となっている、悪の勢力を打破しようとする対立が起こることはさけられない。それは事実第一次と第二次との世界大戦というものが、未だかつてない大戦争となり、激しい戦闘を伴ったということによく表われている。

以上のことによっても知られるように、今日の世界は、国内政治において、強力な権力が現われた。いわばそれは近代史を通じての最大の逆説と見ることが出来る。

それはまず共産主義の場合に最も劇的な形で現われているし、また福祉国家の場合にも、この権力はきわめて強い。したがって、十九世紀の国家よりも、二十世紀の国家の方が、権利が強いことは、周知のように事実によって示されている。

ここで筆者高坂氏は「ナチス独裁を生んだもの」という点で、次のように言っている。以上のべてきたようにして、近代世界においては、思想の傾向とは全く逆に、現実には権力の強大化が現われることになった。それは一言で言えば、基本的には産業化のもたらしたものと言えるかもしれない。そこで、この「権力なき国家」の幻想がとんでもない結果をひき起こした。すなわち、人々はこの幻想に支配されて、権力を否定し、そしてこの幻想の影響で、人々は日常的な理由ではなく、理想社会の建設や聖戦という異常な理由で権力を正当化した。

この幻想の生み出したものとしては、ドイツが第一次世界大戦後つくり出した、理想主義的・

民主主義的憲法、いわゆるワイマール憲法によって示されている。この憲法は、統治の必要ということをほとんど考慮せず、「世論の反映」ということだけを考える政治機構を整えた。ところが、その結果現われたのが、政治の混乱であり、無政府状態に近い状況であった。そしてそれに対する反動としてナチスの独裁が現われたのであった。

ここで私が感じたことは、筆者は非常によい実例をあげて、「権力なき国家の幻想」というものが、今日においてはもはや字義通り幻想に過ぎず、それを実際化すべき余地がほとんど絶対的にないことを示しているということである。これは次にのべる田中美知太郎博士の「市民と国家」なる論文に対して、一つの実例を示すものだと思われる。

次に、この高坂氏は、(四)「現代の危険」と小見出しをして、次のように論じている。こんな歴史の趨勢《すうせい》から見て、第二次世界大戦後においては、当然「権力なき国家」の幻想は否定され、克服せらるべきであったように思われる。ところが第二次大戦後、特にこの数年間、「権力なき国家」の幻想は、前にも増して、強く主張されるようになった。それは二つの要因のためであった。まず「第一」に大規模な戦争はなくなった。核兵器の出現は、戦争を非合理的のこととさせただけでなく、戦争をなくすということを至上命令と考えさせるようにした。その結果国際政治において、権力政治の否定論は新しい生命を与えられ、その存在や必然性は否定できないにしても、少なくともその否定が強い要請として現われたのであった。「第二」に、第二次世界大戦後、社会一般が豊かになり、すなわち近代産業社会をさらに発展させるということが、前のような魅力をもたなくなってしまった。そこで国家社会を管理する者の必要性がまたまた否定されることになった。そしてさらに国家は経済発展の組織者として正当化されることが出来た。こうなってくると国家のもっている正統性が、ますます小さくなってしまったのであった。

これに加えて高度産業社会にとって必要な計画化が進むにつれて、人々の自由な活動の余地が減少した。こんなあまりにもよく計画された社会に於いては、人々が、いわゆる大きな歯車の中の一つのようになり、自己の発言がある効果をもたらし、自己の行動が社会の運営に貢献するのだという実感をもつことが出来ない。そこで当然起こることは、あまりにもよく計画された社会に対する反抗となり、ここに世界的な反体制運動の波が、こうした要因によって生み出されたのであった。たとえそこまでいかなくても、国家や権力を口先きでは批評し、時にはその必要を否定しながら、その実国家に依存するという風潮が広汎に普及したのである。

では今後どんな世界がつくられていくであろうか、という問題が、われわれの次の関心事となる。まずわれわれはここで、以上あげた二つの事実が「管理」を不必要にしているものでもないし、また不必要にするものでもない、ということに注目しなければならない。具体的に言っても、このことがよくわかる。都会におけるわれわれが勝手に資源を使い、勝手に老廃物をはき出すという場合、われわれの環境は完全に毒されてしまう――すなわちこれが今日言われる公害の問題である。ゆえにこの環境における公害を防ぐためには、「管理機構」が必要となり、したがってそれを確かめるためには、当然それは「権力」をもった存在でなければならない。ところが現代人は、一方にその浄化を要求しながら、他方にはその幻想にとらわれているという状態である。

かくしてこの筆者は「日本」の問題に論及しているが、これはすでに現実の日本の政治についてのべた点だから、原理的に政治悪を考えるべき本項においては、しるす必要がないわけだが、それではこの筆者に対して、その結論をのべさせないことになるので、その要点だけをしるしておく。

高坂氏は言う。「それは（日本の対応の仕方）、高度産業文明が要求する管理の必要性に対するわれわれの反応の仕方である。そしてその際、『権力なき国家』の幻想は、われわれを誤って導くだけなのである。」この「権力なき国家」の幻想が過去において、一方に国家権力の増大をもたらし、他方には権力の必要を否定する人々が、産業社会におけるその権力の増大への反発という正しい人間的な動機をもって行動した。今日の文明は、もちろん管理の必要を主張するだけではすまないところをもっている。だがそれを否定する人々は、人間の社会に「自然の共同体の前提」によって知的な錯誤を犯し、彼ら自身の行動も、向上欲や自己表現欲、すなわち権力欲にかられていることを見逃すことによって、偽善の罪を犯している。

そこで高坂氏は「だからわれわれは人間が人間である以上、対立が存在することを認めようではないか。そして一歩進んで、それが人々に活力を与え、社会に善をもたらすものであることを承認し、そのことに喜びを見出そうではないか」とすすめ、さらに、「そうすればこの対立を破壊的にしないような仕組みとルールと知恵が生まれ、そこに権力の役割を限るということも出来るであろう」と言う。そして「社会の管理機構がますます発達せざるをえない今日、それを批判したり、それに反抗したりするのが必要だ。だがそこでその時の前提と目標とが問題になる。すなわち『自然の共同体』を前提として、それを求めれば、無政府状態と万能国家とのいずれかに終わる他ない。とにかく『反体制』の姿勢も『体制』の姿勢も、いずれかのみでは危険であるのみである」と言ってこの読みよい論文を閉じている。

この高坂氏の論文の出た直後、同じく月刊雑誌『自由』（八月号）に、あたかも高坂氏がこの治者と被治者との区別のない共同体について、「確かにギリシャのように、きわめて少数の人間が共同体を構成し、そして社会を管理する機構を必要としない場合には、支配者と被支配者との区別は、ほとんど存在しなかったかもしれない」と簡単に言っている一文章を（一二頁、上段より下段へ）、歴史的に註釈するかのごとき好論文があらわれている。それは京都大学名誉教授田中美知太郎博士の「市民と国家」という論文である（一〇―一二頁）。これはこれらの問題に対する素人の私にとっては、非常に幸いであった。高坂氏の簡単な一文章を、無知なるがゆえに誤読したら大変だが、この田中博士の論文はその危険から私を救ってくれた。これは、素人が他の専門領域の書を読む場合起こりやすいことである。私などは性格がソソッカシクできているから、それがコワイのである。これは前論文と重複する点があるが、ここだけは許して頂きたい。

　田中博士は次のごとく言っている。ギリシャには確かに「市民国家」と呼ぶことを至当とするようなことが、そのポリスの構成にあったことが見出させる。それをアリストテレスの「ポリーテース」の規定を引用し、実証している。そして一七八九年のフランス革命の始めに出された「人権宣言」の第六項をひき、一面においては平等ということの規定であって、才能や能力、あるいは人間的優秀さともいうものを、明白に認めた上の平等の主張であることが、とくに注意されなければならない。これはツキュディデスに出てくるペリクレス演説における、民主政治と自由社会の規定と、ほとんど同じで、古い伝統に属するものということが出来るだろう。つまり、内容的には前述のアリストテレスの「ポリーテース」の規定と大体同じだということが出来る。これについて博士はかなり多くの説明をしているが、要点は上述のところにあるので、これを略しておく（一三、一七、一八頁等）。このフランスの人権宣言には、ルソーの影響が現われている。つまり市民は単に国家を構成し、受動的に国法に従うのではなく、むしろ治者の立場に立ち、しかも百パーセントに国民であるものをさすとも言えるであろう。つまり市民が交互に治者となり、被治者となることが、「自治」というものだということが意味されている。つまりこれがギリシャ以来の「市民」の正統の意味であるとしなければならないだろう。

しかし、ルソーの時代においてすらもすでにこの意味は失われ、元来の意味である「市民」(Cives)の意味は忘れられて、それはいわゆるブルジョアの意味における市民と混同されている。ということは、国家に対するギリシャ市民のつながりが、絶対的な愛国心のうちに見られるが、ブルジョアと国家のつながりは、生命財団の保護を求める打算の上に立つという意味になる。これに対する考えは、ドイツではヘーゲルの『法の哲学』(一九〇頁)においてそれが現われている。その意味はつまり市民社会が各自己中心の考え方で、他の一切を手段化しようとする相互手段化が現われていて、その場合には個性別の多様が入り混って、激烈な様相を呈しているが、その相互関係が拘束的な制約になって、そこに一種の秩序がつくられてくるということが、言われているのだと思われる。換言すれば、ギリシャのそれにおいては、市民は、国家を自己の一部分とする全体であり、時には自己の生命財産の犠牲を要求するものだったが、ブルジョアとしての市民にとっては、国家が自己の生命財産を守るための手段であり、外的な相互依存の関係に他ならないのだと、言われるようになってきた。

この「市民」なる語の用法的頽落《たいらく》は、ギリシャがマケドニアの征服によりその自由独立を失ってから、ローマ帝国の異民族の支配下になってくると、この変化が明瞭に現われてきた。

この問題について、ことに神学者でなく、哲学者とくに宗教哲学方面の学者たる前述の神奈川大学の信太正三教授が、この問題をとりあげていることに意義を見出す。本書は『宗教的危機と実存』と題され、真にこの現代的「危機」を指摘している。

この書の著者は、その第九に、「国家悪と人間悪」と題して、この問題を論じている（二〇一―二一二頁）。私はこの「国家悪」という用語を「政治悪」とおきかえても許されると思う。「二十世紀に入ってすでに、両次の世界大戦に生死を賭けて戦い、多くの兄弟の犠牲の上に生き残ってきた現代のわれわれにとって、国家悪との対決は『歴史の運命』に属する問題だと言える」とするし、そして、そこに「ところで国家悪とは何を意味するだろうか」という質問を提起し、そして彼自身のそれに関する考えを論じている。この問いに先行して、彼はまず「『社会悪・組織悪・権力悪・歴史悪』などと言われているすべての悪が、この本質や本源をつきとめてゆくと、国家悪へと凝結するか、あるいはそれと癒着し、そこから毒性の大半を注入されてきているように思われる。二十世紀も後半に入った宇宙時代の現代世界の人間たちは、主体的に根本的に国家悪との対決を迫られる日を迎えたのではなかろうか」と論じ、この問題が、この書における著者の題名の中心的課題であることをのべている（二〇〇頁）。

進んで著者は大熊信行《おおくまのぶゆき》氏（1893 - 1977）の「国家の存在そのものが必然的な悪ではないかという感情が、わきでる泉のごとく」生ずるであろう、という言葉を引用し、この問題がいかに根深いものであるかを示している。さらにカール・バルトの「国家権力に二つの意味をもたせ、正義に従い、それに奉仕する権力をPotentas《ポテンタス》となし、正義に先行し正義を支配し、屈服せしめ、破壊する権力（暴力）をPotentia《ポテンティア》とする」という言葉をひき（『教会と国家』一一一頁）、「これが国家の機能動態の一面を説明するものであるのは、否定できないかもしれない。しかしわれわれは、正義に従う権力と正義を破壊する権力との区別を、そうやすやすと鵜呑みにすることが出来ない。正義に奉仕するという権力が、その遂行過程において、手段からその目的そのものに変性し、ポテンタスが実態において、ポテンティアに他ならぬのが、国家権力の根本動向ではなかろうか。今日ではほとんど全能にも近い国家存在を、われわれの外なるものとして、その行政や司法等の機能面においてだけ見るかぎり、こうした反省は、非現実とも言えよう。だが国家存在をわれわれの内なるものとして、国家人である一人の人間の感情、判断、思考の動きの底まで追求するとき、われわれがいかに人間性や正義を押しつぶす国家ポテンティアによって、内面的に奴隷化されつつあるか、おどろくべきものがある」と言っている（二〇五頁）。

この書の著者はなお進んで言う。「国家の存在は今日の人間にとって、一個の巨大な運命となりつつある。われわれは、生まれ落ちるや否や、否応なく、国籍をはりつけられて、国家の組織にあみこまれ、国家にしばられ、内外から国家的生活を生きるべく余儀なくさせられる。そして教育により、宣伝により、強制によって、いつしかわれわれは、『良くも悪くもわが国家』というように、国家の存在と必然的にわれわれの内面において合一化させられる。人類の平和を叫び、正義を口にするかげで、われわれは、国家を通じて『百万人殺し』に参与し、狂った国家理性の祭壇にとめどもなく、人間犠牲の血を注ぐ。結局大砲かバターか、というジレンマに直面させられ、現実においては、バターの増量が大砲のそれに転換し、次には逆に大砲の増量がバター資源の一層大なる獲得の原動力となる。国家がその存在の基底の論理からして、必然的に戦争を本業とする暴力組織に転化することこそ、事実が明証する鉄則ではあるまいか」とするして、この著者の国家観の一面としての、国家悪のために、国家否定の主張に傾いていることを示している。そしてそれに対して次の三氏の言葉を引用している。「戦争と国家――これこそは二つのものであって一つのもの。国家とは戦争を業とするもの、ただ戦争において、力という力を傾けつくすもの、他の何ごとに対しても、熱中しえないもの。国家は戦争においてこそ、その本質をむき出しにするものだ」という大熊信行氏の言葉（『国家悪』一六八頁）、「国家の本質を、一に権力、二に権力、三に権力」と言ったトライチュケ（Heinrich Gotthard von Treitschke, 1834 - 1896）の言葉、および「すべての国家は暴力の上に築かれている」というトロッキー（1879 - 1940）の言葉を引き、これこそ国家の本性を射当てているのだと言っている。そしてさらにマックス・ウェーバー（Max Weber, 1864 - 1920）ですらも、近代国家を社会学的に、終局的に定義づけるためには、「物的強制力」による他はないとし、トロッキーの上述の言葉の正しさを認めるのも、暴力や権力の国家本質における位置の何であるかを示したものと言える、とのべている（ウェーバー『職業としての政治』岩波書店、一一二頁)。

本書の著者はさらに国家悪を極言しているが、彼のこれに関する見解は、上述のところで明らかだと思う。だが彼はそこに、個人のこれに対する反省を求めていることを、見落してはならない。「しかしわれわれが、このことを目前の権力者の側にのみ認めて、人間としての自己の身を一顧だにしないとすれば、無反省の謗《そし》りを脱れえまい。メカニックは組織悪や、公然の権力を把握する特定の個人の堕落をみることにおいて、同時に、否その前に、およそ人間なるものにおける『自我という一種の腫瘍』があるということに気づかねばならない。……同じく権力の魔酒に酔いたいという、この腫瘍のうずきがわれわれひとりびとりの中にあると言える」(二〇九頁)。そして次に「悪は対決されねばならぬ。克服に向かって絶えず努力され、行動されねばならぬ」と言っている。

これでは、今日われわれの目前にほとんど行きわたっている——全学連によって示されているような——造反精神を、励ます国家観になる危険が多分にある。だが彼は、同じく国家悪を力説しても、そんな結果を生み出さないように、われわれ個人個人の責任感を喚起している。すなわち彼は前掲の言葉につづいて、「その為にもわれわれは、自己の底に、組織の底に、歴史や国家の底に、ゆるぎなく悪と主体的に出会うことがなくてはならない。今日人間の生活や諸組織や、その関連が複雑化し、責任の所在の不明から、悪との出会いが困難になったにしても、自己における悪の所在が不明だなどと言えるものではなく、その対決を不問に付することは許されない。国家悪の根を、人間悪の個人心理的な面に還元し去ることが、問題の十分な解決ではありえぬことはもちろんである。しかしこうした面を実際には、不当に無視する無反省な客観主義の風潮に対して、われわれは警戒せねばならない」と言っている。そして終わりに、「現実においては依然として、国家の所業は、人間の所業なのだ。国家のデーモンにおいて人間のデーモンを見とどけない限り、そして人間のデーモンを、われわれひとりびとりの底に引き据えて出会うことをしない限り、国家観と対決する実存的地番は、失われるであろう。自己における人間悪と戦うことにおいて、国家悪と戦い、自己における悪からの自由を、一歩でも進める努力をしない限り、国家悪からの人間の自由、人類の自由を共同して勝ちとる根本の途は閉塞してしまう他はない」と言っている（二一二頁）。そしてさらにこの書の著者は彼の結論中の結論を、次のように言っている。「この実存的な悪との対決の途は、非政治的、反政治的であることにおいて、逆説的には、そのまま政治の腐敗と魔性の根底を洗い出す意味で、本質的な政治倫理化の途であり、政治的戦いでありうるのだ」という注意に値する言葉をしるしている。

ここで私はこの書の著者の国家の徹底的悪性の主張と、この言葉の中の「政治倫理化の途」という言葉とは、どう結びつくのかという疑問をもたせられる。国家が前述されたように、徹底的に悪性のものだとすれば、その現われとしての「政治」をどんなに倫理化したところが、国家そのものの究極的改革、または救拯の途はありえないのではなかろうか？

ここで私は、やはり「国家悪」という語と「政治悪」という語との区別を立てた方がよいように思う。国家という人間の組織が、良いとか悪いとか判断され、そして良くも悪くもなるのは、その「現われ」としての政治の問題である。そしてそれに当たる人間の問題であるように思う。もちろん人間の世界に、部族時代にも、部落時代にも、民族時代にも、そして多民族的国家がつくられた場合にも、それぞれの集団の政治が全く浄化され、真に正しく行なわれたという時代をわれわれは知らない。また世界史もそれを教えてはくれない。しかしだからといって、「集団」としての国家が、本質的の悪であるとすれば、どんなに政治を清めたところが、国家そのものの本質が清まる筈のものではなかろう。だとすればわれわれは「国家なき人間生活」またはいわゆるユートピアを夢想する他はない。しかし、いまだかつてそんなことが可能だとは——神学の世界をおいては——私は考えたことはない。

しかるにこの私の「人間の無国家的存在」に対し、私の目をひらく好論文を、幸いにして発見することが出来た。これは京大教授（政治思想史）勝田吉太郎氏の「学生反乱とアナーキズム」である（雑誌『諸君』一九六九年九月号）。そしてその副題「高度工業社会における学生運動の文明的意義をさぐる」となっている。私は他の諸学者に対してと同様、この教授の名はいまだ一度も聞いたことがない。だがこの論文は、学生反乱という一現象をとらえ、「なぜスチューデント・パワーが、現在のように反体制的にして造反的運動をなすか？」と問い、そしてそれが在来のマルキシズムにいたるまでの社会的経済的思想が、彼らに満足を与えず、そこにこの――反代々木系学生の――反乱が起こったという過程をしるし、最後にそれがバクーニン復活を呼び起こし、この無政府主義を生み出したという点を、政治的・経済的・思想史的立場――多少心理学的に――から解明している。

この論文は私の「人間は無国家的では存在することはできない」という考え方に、深い反省の機会を与えてくれた――だが一言つけ加えておくが、これによって私はこの問題に対し、良い理解は与えられたが、この私の考えを変更するまでにはいたらなかった。

勝田教授はこの論文の構成を、㈠「学生運動の三類型」、㈡「反乱学のイデオロギーの三つのパターン」、㈢「マルクス主義の政治理論の破綻」、㈣「バクーニン主義の復権」、㈤「小規模共同体の理想図と高度工業社会の現実」、㈥「今世紀のラッダイー」、㈦「完全管理社会と人間の自由」としている（一七―三二頁）。

この中で私に最も示唆的であったのは、㈢の「マルクス主義の政治理論の破綻」と、㈣の「バクーニン主義の復権」および㈤の「小規模共同体の理想図と高度工業社会の現実」とであった。論者は言う。自由への情熱は人間存在の根源に発するパトスである。そしてそれは若き世代の人々、特に大学生のそれに当たっている。彼らはもはや子どもではなく、さればといってまだ大人としては遇されない。マス・プロ大学という大工場で、管理社会に有用な技術知識をさずけられる新しいプロレタリアートといった自己イメージをもつ。また、彼らはまだ社会の中へ統合されてはいない。このことは、彼らが強い社会的適応の必要性をもたず、職業に適応するための圧迫から自由であることを意味する。同時にそれは、彼らが社会を、その周辺から、外側から分析し、批判的に眺める自由をもつことをも意味する。本質的にアウトサイダーであり、周辺的存在であるからこそ、彼らは今日自由の身である。だが明日は、大学構内から社会へ出て管理社会の非人格的機構の鉄鎖にしばりつけられて、自由を失っていく運命にある。彼らはこれを本能的に恐れ、それに反発する。この彼らの「恐れ」というのは、周囲にみられるマンモス企業のオートメ化された巨大工場の群れであり、こうした巨大工場こそが、現代の高度工業社会のモデルとなっていて、非人格的な管理機構と官僚組織とは、その宿命的な随伴物である。これは私企業においても、国家の行政部門においても、それらはまるでガン細胞のように増殖し、肥大化する。そして彼ら（大学生）は校門を出るとともに、その「歯車」の一つとなり、いやでも応でも、それに組み込まれることにならざるをえないという、非自覚的または自覚的の意識をもち、これに対して「恐れる」のである。

ここで初めてアナーキストたちの未来社会図の骨子――それは社会主義国家を、その特権的官僚陣による「上から」の計画、指し図、命令によってではなく、「下から」の諸社会集団の自発的な連合と共同作業に基づく権力なき、したがって、自由な社会を構成しようとする企図として——これが彼らの心をとらえる。そこで話を速めるが、彼らの間には、こんなクロポトキン的な「牧歌的な未来社会の青写真」にひきつけられ、そして分散した小工場の生産体制の讃美者となるのがある。かくしてそこにバクーニンが復活し、クロポトキンが復権するというわけである。

ここで私はこの論者の論述を中断して、自分がテレビで見せられ、そしてこの論者の指摘しているポイントが、実際に今日の青少年の間に、一般化され、感じられていることを知って驚いたという経験をのべたい。

今日（一九六九年八月三十一日午前七時三十五分）ちょうど「サラリーマン」という題で、高校三年生十人ほどを集め、そこで司会者が、「君たちがもっているサラリーマンのイメージは、どんなものか？」とたずねた。するとその答えは一様に、「企業ことに大企業の中で、その一つの歯車となり、自己の個性も失い、生きがいを感ずることもなく過ごす人々だ」と言うのである。多少強弱の差はあっても、この答えは一様であった。ここに私は今私が紹介しているこの論文のポイントが、これら少年の心にマザマザと感じとられていることを見出し、かつそれが単に反代々木系全学連の爆薬となっているだけではないことを知り驚いた。この論者の論述を紹介しながらも、それが抽象論だという感じをもってはいたが、それが実はそうではなく、現実だということを――私には子どもがなく、年令の上からいっても高校生に接触する機会が全くないのだから、彼らの間にこんな感覚のあることは全然知らなかったのである。

もちろんこれには時代風潮の影響ということもあるだろうし、マス・コミから与えられたという感じもあるだろう。ところが彼らのすべてが、彼らのそのイメージが、彼らの父親から直接に感じとったという点にそのイメージの基礎をもっていた。したがってこれはやはりこの年令層、ことに高校三年程度の少年たちに、この感じが他から口移しにされたものでないということは、私にははっきり読みとれた。くり返して言うが、この京大の勝田教授の論述は、抽象論だと片づけることが出来ないことを感じさせられたのであった。

ではこの牧歌的な青写真というのは、どんなことなのであろうか？　それは端的に言うと、小地域共同体における生産、分配、消費の経済単位と、こうした生活圏に相応する産業構造によって規定される生活水準とを前提とし、そしてこんな生活圏に相応する産業構造によって規定される生活水準とを前提とする。このような小規模コンミューンにおいてこそ、生活は単純化され、国家権力に支えられた法律は、世論の統制により、替えられ、人々の生活を規制する特別な管理機構や官僚組織も無用の長物となるであろう。勝田教授はここで「そこでは直接民主制の理想も実現可能となりもしよう……これは美わしくも牧歌的な未来社会図ではある。だが問題は、今や出現した、高度の工業文明社会を、どのような仕方で、こうした牧歌的なコンミューンへと替え得るか」にあるという結論的問いを提出している。

教授は最後に、「さて、現代の心情的アナーキストたちは、他ならぬこうした『退歩主義者』の役割を、果たそうとするのであろうか。現代社会におけるアナーキズムの復権——もしもそう呼びうるならば——のもつ最も深い歴史哲学者・文明史的意味はここにあると言えよう。——アナーキズムは、単にマルクスの『権威主義的社会主義』批判の政治イデオロギーや、議会制民主主義に挑戦する革命理論に尽きるものではない。その教説は、自由のパトスを起点として、現代工業文明にひそむ問題性に鋭い光を投じているのである」と結んでいる（三一頁）。

私にはこの「牧歌的」な、そして理想的な青写真を心にいだいている、これらヤング・パワーの心情がわかったような気がする。「どうしてそれを実現するか」という方法論のない彼らにとっては、まず旧体制に対する戦いをいどむということになるのは自然である。例えば今、火事が起こっている。それを消したらあとにどんな町を造るかは考えられても、「どうしたらそれを造りえられるか」という方法論がなくても、その火事を消さなくてはならない。燃えつつある建物をこわさなければならないということが、何よりも先に考えられる。このような気持ちこそ、これらヤング・パワーの心理であろう。

この一論文は確かに私の眼を——多くの反対論も出るだろうが——造反大学生の心理に対して開いてくれた。しかしくり返して言うが、私にはどうしても、その「牧歌的コンミューンの幻」実現の方法論を考えることもできないし、ましてや実現が可能などとは考えられない。この意味で、私には「無国家的人間存在」は考えられないし、そしてそこには政治即管理が行なわれるし、そしてそれは人間の運命的な必然悪とさえ考えられる。

これらの書を読み、そこに指摘されている「悪」ことに「政治悪」——われわれの今日の存在全部を包括するものとして——について知るとき、本書第二部の「教会『外』世界に立つキリスト者即証言者」の自覚と責任とを、ひしひしと感じさせられる。

本書第一部に論じたように、「宇宙悪」または「根源悪」に対しては、教会の福音宣教が直截にかつ端的に立ち向かう（エフェソ六・一一—二〇）。これは言うまでもなく「上より」の知恵により、これに対するということにその根拠をおいている（同三・一—一三）。したがってここでは、「悪」の問題はどこまでも人間の現実としての政治に即し、そしてその側面から考えられる必要がある——もちろんそれは深められ徹底されて、形而上学的の点にいたる点を否定するのではない。

ここまでくると、マーティン・ブーバーの『人間悪について』（野口啓祐訳、南窓社、一九六八年）中の一句が想起される（Martin Buber: *Bilder von Gut und Böse*, 1952）。この書の序文に彼は、「われわれは宇宙がどのようにしてできたかを物語る神話を読むと、かならずそこに『混沌』と『創造』の話が出てくるのを知っている。そして、それと同時に、われわれは自分の現実生活にも、混沌と創造が二つながら宿っていることを、これまた直観的に知っている。しかしどういうわけか、われわれは神話と現実生活とを、同時に眺めようとはしない。われわれは神話に出てくる悪魔ルシフェルの物語（イザヤ書一四章）には耳を傾けるが、自分の現実生活におけるルシフェルのささやきには、一向に抵抗を感じない。神話と現実とをつなぐ橋が、必要なゆえんもまさにここにある」（六頁）と言っている。

このことがわからなければ結局われわれの現実の問題としての「政治悪」または「社会悪」の問題は、解決しない。結局問題は究極的には――この究極的という語にご注意願いたい――象徴的に言えば、裁判所と刑務所とでは片づかない。それは――象徴的という語にご注意願いたい――キリスト「教会」と、牧師がバプテスマをさずけるときの「水盤」とによらなければならない、とつくづく感じさせられる。この象徴にハラがたつようなら、「聖書によらなければ」という語でおきかえてもよい。この一巻の書物にそんな権威を与えることにハラがたつならば、この書物を一貫している「聖霊」（神の霊）によらなければならないと言ってもよい――否、言わなければならない。

二　教会「外」証言者に対する不可避的規定

教会「外」に立つキリスト者即証言者は、全く無条件に、または無前提にそこに立つ者ではない。彼はその「世界」に立つとき、彼が基本的に属している「教会」から、前提せしめられているものと、そしてその世界自身が、彼を不可避的に「制約」するものとをもっているし、また必然的にもたせられている。本項においては、この両必然的規定を考えることとする。

(1)　教会「外」証言者に対する聖書的規定

(a)　証言者の「被造者的主体性」への要請　証し人が教会「外」の世界に立つということは、「被造者的主体性」において立つべきだということを意味している。

この被造者的主体性に立つということは、従来の旧神学による、現時から再臨までのこの世界を罪一色に塗りつぶしてしまうという立場においては、ただその「世界」から超越するという一点からだけ考えられた。くり返して言うが、もしそうだとすれば、そこにはもはや教会がそしてその証し人が、そこ全体に福音的影響を与えるという余地は、なくなってしまうわけである。この点については、後に多少くわしくのべる。

ではこの世界に、「秘造者的主体性」において立つということは、いったいいかなる立ち方を意味しているのであろうか？　それは一言に言えば、「超越的にしてしかも内在的」に立つことを意味している。この一見矛盾している二つとも見える——実は二つではなく一つなのだが——この世界に立つ証し人の「難点」とその「問題性」とがある。このことは言いかえれば、ここにいう証し人なるものが、この「世界」と非連続的にしてかつ連続的、または非連帯的にしてかつ連帯的という——本書にはなるべく用いたくないが——弁証法的関係に立たせられるということを意味している。

これはさらに言いかえると、証し人はこの世界に「上から出た者」として、しかも「下から出た者」としての関係をもちつつ、立たされているということを意味している。この「下から出た者」という表現の意味内容は次に、証し人の「不可避的自然的規定」としてのべる。

ここで問題になるのは、「上から出た者」という表現の意味である。これは証し人が教会「内」のものでありながら、しかも同時にこの世界に立つかぎり、教会「外」のものである、ということから出る難点と問題とである。

このことは具体的に言うと次のようになる。この表現はこの証し人が、不断にその教会から信仰的「活力」または「生命」を与えられ、しかもその継続において立たなければならないということである。この教会「から」ということは、さらに具体的に言うと、教会に出席することにより、彼はその説教および聖書研究から、それを受け続けなければならないということを意味している。端的に言うと、教会「外」に立つ証し人が、その信仰的主体性を保持することが出来るのは、ただ一にこの源泉からの「活力」または「生命」によってのみであるということになる。ちょうどそれは海中に潜水する者が、今日その背負っているアクアラングからの酸素供給によるのであり、それがなくなればついに窒息のやむなきにいたるのと同様である。これが教会と彼とが、非連続的でありながら、しかも連続的であるということの意味である。

この「主体性」という語は、何もキリスト教の用語というわけではない。周知のように、今日一つの流行語とさえなっている実存哲学の主要目的を表現する語であり、これを用いる以上、どんなところでそれを用いようが、同一だという考えを与えやすいし、またもたれやすい。このためにここではそれに対する、とくにキリスト教用語であることを示すために「被造者的」という「形容詞的先行語」を用いたわけである。換言すれば、この実存哲学の用語は、ここには「否定的媒介」として用いられているので、くり返して言うが、それは生のままで用いられているのではない。

ではキリスト教用語としてのこの語は、いかなる意味であるか？　それは一言で言えば、「世界創造主たる神の被造物としての人間の主体性」という意味である。この語が実存哲学において いかに深刻な意味で、そしていかに巧妙に用いられているとしても、このキリスト教におけるこの語の意義は、それとは次元的に異なり、そしてその関係は——一応言っておくが——「断絶的」な意義において用いられているのである。

ここでこの「断絶」という語を用いることに対しては、一応の説明が必要である。というのは、この実存哲学の用語による示唆または暗示により、それが今までこれを表現するための適切な語をもたなかったキリスト教が、この語を高次元的に、または異次元的に用いることにより、この語によって、その正典たる聖書の自己表現の重要な一点を表現するのに非常に役立つということのためである。だがこの点の理解がはっきりせず、あるいは理解されないという恐れのために、ここには前述のごとく、これに形容詞的先行語として「被造者的」または「信仰的」という形容詞規定語を用いたのである。

ここではもう一度、私がかなり古くから用いている「首くくりの論理」（著作選②菊池吉弥『首つりの論理』の頃」三二一頁以下参照）すなわち「なければならず、あってはならない」という論理が理解されなければならない。「なければならず」とは、その語がなかったために、聖書がその中に、その意義内容を強過ぎるほどもっていても、それを自己表現することが出来なかったのが、それによって出来るようになった、という面を言うのである。また「あってはならぬ」というのは、それが用いられても、それが一般文化界で用いられる意味内容を、そのまま生のままで聖書学または教義学にもちこまれてはならないということを表現するためである。もしこの表現の後半「あってはならぬ」という論理的表現が明らかにされないと、聖書学および教義学のその点が、実存哲学的に理解される危険が、多分にあるからである。そうなればキリスト教で重大な意義をもつこれら二つの学的領域が、頽落の一途をたどらざるをえなくなる。これがためにこの「なくてはならぬ」が、「あってはならぬ」という表現の表わす「否定的媒介性」が、重要になってくるわけである。

この非キリスト教的用語をキリスト教が借りるということは、キリスト教がユダヤ国外に出て、当時のギリシャ的世界においてまず起こったことで、それ以来今日まで一九〇〇年もつづいてきた。否、これに似たことはキリスト教以前すでにユダヤ教において起こっていたことであった。ユダヤ教は選民イスラエルの信仰を基礎として形成された――少なくともカナン侵入以後において起こったことだが、自国語としてのヘブライ語は、たとえそれが一般民衆の言語であったとしても、全くイスラエル信仰と無縁のものであったとは言えない。だがそれ以後キリスト教発生時代までには、周囲の異教諸民族の言語から借りたものが非常に多くあった。否、これはむしろ言語のみならず、その神話的表現およびその資料までも借りたと言われているほど、その異邦的なものの導入ははなはだしく見られたのである。したがってその中に発生したキリスト教が、ギリシャ的な世界に進出するとともに、この同じことが起こったのは、きわめて当然のことであった。

このことは誰でもヨハネ福音書の冒頭を読む者にはすぐわかる。「始めに言あり」という表現の「言」は、ギリシャ語の「ロゴス」で、この福音書の著者がその書において、最も重要な点を表現するために、このことをあえてしたわけであった。こういう意味で、過去一九〇〇年間に、この非キリスト教的用語を借りて、それ自身の重要な内容を表現するということが行なわれてきたわけである。これについては、Ian T. Ramsey: *Religious Language*, 1957: See, III, Christian Language, pp. 90-186; & many other books on the same subject を参照されたい。

この点があまり長くなったが、要するに、私がここで、今日の実存哲学の主要用語たる、この「主体性」という語を借りて用いるに当たり、上述の危険を感じていたので、これをキリスト教的に変容して用いる——または高次元的にあるいは異次元的に——ために、この「被造者的」または「信仰的」という先頭語を用いたわけである。ついでにしるすが、この注意が十分に払われず、あるいは顧慮されずにキリスト教界で用いられたため、多少そこに神学的頽落の兆が見られているという事実が、私をしてこれを警戒させたのであるということを一言のべておく。

このことは考えてみれば当然で、およそ言語なるものは、一般人間界の産物で、それを特殊的に用いたのが、哲学的、社会的、経済的の専門後となってくる。これと同様、神学および聖書学で、この「主体性」なる語を用いても、それは「なくてはならず、あってはならぬもの」としてである（岡村民子『聖書における人間の主体性』新教出版社、一九六九年、参照）。

だがここに私が言っている問題は、これで片づいたわけではない。そこには「教会『外』に立つ証言者」は、どのようにして実践生活において、その周囲の世界との関係において、「主体的」に生きることが出来るかという一点となる。ここでこの証言者はこの世界との「連帯性」において立たせられる——教会としてではなく個人的に——ということ、すなわちそこに彼の「主体的」にして、しかも「連帯的」在り方への要請が発生する。彼をして、この連帯性をもたざるを得なくさせるものは、三つの「規定」として次項にのべられる。

この連帯性は、当然証言者をして、周囲の社会と、「対話」関係に立たせることになる。そしてこの対話は当然、彼我の間の「問答」とならざるをえない。それによって彼我の差が明らかになってくる。だがこの場合、この「差」または「違和感」のために、両者が別れ別れになり、そして背中合わせになるようでは、結局それは問答ではなく、「問答無用」にしかならない。換言すれば、この世界に立つ証し人と外の「世界」——否、彼が立たせられている異質的世界の非連続性だけが残され、連続性が全く忘れられてしまう。これでは、後述する三つの規定があるのに、それを無自覚的に否定する結果になって、否定すべからざる事実が、否定されるという結果になってくる。さらにそれでは証し人としての使命の意義と存在の意味とが、失われることになるのである。

ではこの「対話」が「問答」となり、そして背中合わせにならないためには、次にどういうことになるべきであろうか？　それは端的に言えば、前述したように、差異面、または違和感――「何か自分たちとはちがっている世界の人」という深刻な印象を与えるという結果が出てこなければならない。だがそこで大事なことは相手に、この人は自分たちと違った世界の人たちだから、話しても無駄だという結果となってはならない。反対に、この「違っている点」とは何だろう？という「問い」を、相手の心の奥深いところにもたせることが肝要である。明治維新前後の文明開化とキリスト教の日本社会への浸透は、実は、当時の日本の有為の青年たちに、多くの場合、宣教師たちが、この「問い」を深く印象づけ、彼らをして、その「何たるか」を知らんとする知的欲求を起こさせた点から始まっている。

ここに証し人と周囲の世界との対話・回答・探究心という順序が出来てくる。これがいわゆるキリスト教倫理の「非強制的性格」とよばれるものである。すなわちそれは「押しつける」ものでもなく、やたらに「叩き込む」ものでもなく、反対に相手のうちに究理を目的とする探究心を呼び起こす、という結果をもたらすべきものなのである。

しかしここで大事なことは、この結果は証し人によってもたらされるものではあるが、証し人が造り出すものではない、という点である。これこそ「証言」に伴ないたもう聖霊すなわち神の自由な聖業として行なわれることである。このことはヨハネ福音書(四・四二)のサマリヤの女の証言によって、イエスに面接した人々の言葉によっても示されている。こうなってきて初めて証し人の証言目標が果たされたということが出来る。もし「これは俺がやったんだ」という意識が寸分でも残っていれば、その証言の効果は神の聖前ではゼロになる。

さらにまたこの点にいたって、初めて教会「外」世界に立つ証言者のそれぞれの主体性が、保持されたというべきである。すなわち自己の証言の結果としてみられるべきことが、実はそうではなく、上からの力によったものだということにより——証し人は自己の自然的・人間的主体性を聖前においては失うことにより、それによって初めてその真の信仰的主体性を保つことができる、ということになるのである。さらに換言すれば、現実には「俺が」やったのだということを事実眼前に見ながら、しかもそれは「上からの」力によったものだということを、信仰的に意識させられるという点において「のみ」、そしてそれによって「のみ」自らの「主体性」が保持されたのだと確信させられる点において「のみ」、彼の主体性が保持されたのだということになる。さらに言いかえれば、より低い人間的意識における証言結果が、信仰的にそれが「上から」のそれによるのだという超自我的認識において、それが初めてはっきりとさせられることになるのである。

以上のことは、以下のべる「証言者の『使命感』への要請」の項で、くり返しのようだが、もう一度その具体面または実践面から、再び考えることとする。

(b) 証言者の「使命感」への要請　ここまで考えてくると、あらためて個々のキリスト者が、教会「外」世界に証し人として立つとき、当然彼は、自己に対し、自問すべき「問い」をもつはずであることがわかってくる。彼はそこで「私は証し人として、この世界に立ち、いかに生くべきであろうか?」または「私はこの世界で何を為すべきであろうか?」という問いを、問うべきである。この意味において、これに対する当然の答えは、「被造者的主体性」であり、「責任的」のそれでなければならない。この二語は、語としては別であるが、これを切りはなすことのできない関係にあり、または、同義語であるとさえ言いうる。これを聖書的に言えば、必然的に「使命感」(観に非ず)となるであろう。したがってこれは新約聖書に言われている前述の「証し人」という語と同義となる。「聖霊なんぢらの上に臨むとき、汝《なんぢ》ら能力《ちから》をうけん。而《しか》してエルサレム、ユダヤ全国、サマリヤ、および地の極《はて》にまで我《わ》が証人とならん」(使徒言行録一・八)。という、イエスの召天直前に弟子たちに対し、残したもうた言葉の意義が、上述の問いを、各キリスト者が自問自答するとき、初めて明らかになるわけである。

この「証人」という句は、あまりに教会で使われすぎていて、一般的には、その内容の鋭い分析がなされることなく用いられてきているが、今やわれわれはこれをあらためて考えなければならない。この句は――これまでたびたび他の関係で詳論したように――元来古代イスラエルにおける法廷用語で、自己が見聞きして知っていることを、自己の利害に関係なく、その法廷で係争とされている「こと」について、そのまま語るということ、いわば「自己を超えてそれを指し示す」という意味で用いられた。これがキリスト教的に用いられて、「我らは見しこと、聴きしことを語らざるを得ず」（使徒言行録四・二〇）の意味で、その内容としては、「太初《はじめ》より有りし所のもの、我らが聞きしところ、目にて見し所、つらつら視《み》て手触りし所のもの、すなわち生命《いのち》の言《ことば》につきて……われら之を見て証《あかし》をな」すということとなっている（Ⅰヨハネ一・一―二）。すなわちその第一のことは説教するということではないということである。もちろん普通「説教は証しだ」と言われるが、しかしこれは厳密に言うと、その間に大きい差異がある。「証し」は上述したごとくであるが、説教はその証しを基とし、同時にそれに立脚した説教者自身の信仰的・神学的な「考え」または「解釈」がつけ加えられているものである。ゆえにここで大事なことは、教会「外」における信徒の証しは説教ではなく、それとは一応区別されなければならないということである。

この区別は、象徴的に言えば、説教者は「高壇」の上から語るが、証言者は、会衆の「間」に立ち、彼らと同平面において――否、むしろ彼らの「中」に入り込んで語るということである。今日この点が非常にあやまられ易い。証し人が「証しする」と考えながら、かつ言いながら、実は聴者に対して「上から」語るという、「説教者まがい」の態度をとるということがある。あるいは時として、自分の信仰者として、いかに熱心であったかを、誇ることのように考えられたりする。

この「聴者の中に入り込んで」ということは、本項の主題から言うと、教会「外」の世界の「中に入り込む」ということを意味し、その世界の人々と共に生き、その人々の中の一人となるということを意味しているのである。ここで思い起こすのは、使途パウロが教会の指導者として、そして福音宣教者として立っている場合にも、その宣教の方法として、「我ユダヤ人にはユダヤ人の如くなれり、これユダヤ人を得んが為なり。律法の下にある者には――律法の下に我は在らねど――律法の下に在る者の如くなれり。これ律法の下に在る者を得んが為なり。律法なき者には――われ神に向ひて律法なきにあらず、反ってキリストの律法の下にあれど――律法なき者の如くなれり、これ律法なき者を得んがためなり。弱き者には弱き者となれり、これ弱き者を得んためなり。我すべての人には凡ての人の状《さま》に従へり、これ如何もして幾許《いくばく》かの人を救はんためなり」（Ⅰコリント九・二〇―二二）と言っていることである。

このパウロの言葉は言うまでもなく、使徒として、また福音宣教者として、語られたもので、決してその立場を捨てるという意味ではない。

（c）証言者の使命達成の意義　証言者の使命達成に関する第一の点は、それが直接に効果を現わす場合と、現わさない場合とがあるという点である――もちろんこれは人間の側から見てのはなしである。例えば、ステパノ証言と呼ばれている言説の場合、その時には何人もこれをそれとしては受けとらなかったが、しかしその時には無関心、否、それに対して反感をさえもっていたサウロ（パウロ）が、はるかのちに、自己の回心について語ったとき、ステパノに言及し、「汝の証人ステパノ」と言っているように（使徒言行録二二・二〇）、認めるというようなことがありうる。あるいはまたイエスと出会ったサマリヤの女が、その町の人々に「来りて見よ」と証したのに対し、それによってイエスの許に来り、彼を信じた人々が、「今我らの信ずるは、汝の語る言によるにあらず、親しく聴きて、これは真に世の救い主なりと知りたる故なり」と言っているような、その証言が全く無視されるように見える場合もありうる（使徒言行録七・一―五三、二二・二〇、ヨハネ四・四二）。しかしこのいずれの場合においても、それが認められると否とにかかわらず、その証言の証言たる意味は、聖前において果たされたのである。

したがって、教会「外」における信徒の「証し人」としての生き方は、たとえそれが「使命感」として具現されていても、ほとんど効果のない生き方で「あるかのように」みえることを、証し人は覚悟して生きなければならない。

ところがこの「証し」ということは、ただちに「言葉」によるそれと考えられやすいが、実はこれはキリスト教的に言うと、それよりも広義のものである。端的に言うと、それは「言・行・生」、すなわち言語により、行為により、生活によるものである。これが「外」の世界において、信徒が証し人として生きるということの意義である。しかしここにとんでもない陥穽《おとしあな》がある。それは言・行・生によるものだからというので、証し人が「律法的《おきて》」になるという点である。これは実に今日の日本におけるキリスト者の間にまんえんしている考え方である。というのは、証し人としての生き方を、いわゆる一般世界の「道徳的規準」によって規定する、という点からきている。すなわち「あれは悪い、これは悪い」というように自己をその軛《くびき》によってしばっているという点においてである。

だがしかしこの証し人の生き方の規定は、やはり聖書の――ことに新約聖書の規定によらなければならない。否、それに対する信仰的の理解によらなければならないのである。

この点で第一に強く感じさせられる言葉は、「我れはヤコブを愛し、エサウを憎む」（マラキ書一・二―三、ローマ九・一三）という表現である。これは神なくして「生きることのできる」比較的善良なエサウよりも、神なくしては「生きられない」欺瞞的なヤコブの方を神が愛したもうという逆説的な表現で、ここに聖書の人間評価に対する、一般世界のそれとは異なった神的評価がある。それを神が、悪い奴を愛して、良い奴を憎むというふうに見られてきたが、それは一般世界の道徳的規準でみた誤解である。ゆえに「証し人」はこの逆説的意義を十分に理解しなければならない。

これについて次のような面白い実例が引用されたことがある。それはユダヤ学者の間でさえ

――だいたい今日の旧約聖書の編纂がみとめられた頃のことだが――一人の学者が、どうかしてエサウが悪人であったことを証明しようとして、エサウがヤコブを迎えたとき、彼に接吻をしたが（創世記三三・四）、この学者いわく、「この時エサウは接吻すると見せかけて、実はヤコブの舌を、自分の歯で噛んだのであった」と。これは何とかして前述の神が「エサウを憎み給うた」ということの道徳的理由づけをしようとしたための解釈であった。ユダヤ学者でさえ、この表現は、これほどその意味の解釈に困難を感じさせたのであった――この事実の出典を探そうとしたが何分古い蔵書が手許にもうないので、そして拙著のどこかに引用されているという記憶はあるが、この全部を見る体力が私にはない。読者諸氏にその点をおゆるし頂きたい。

証言達成の第二の点は再臨のキリストが一般人間をさばきたもうとき、「意識的」に善行をなさんとして行為した人間を、賞賛せず、「無意識」に行なった行為を賞賛したもうたという比喩を見る必要がある（マタイ二五・三一―四六）。この比喩は証し人の生き方に対する全く予想外の規準を示したものである。

このため証し人は、この世界にあっては、変人扱いをされ、例外者のごとくみられる覚悟をもって生きなければならない、ということを学ばせられる。だがそれだからといって、「そうであろう」という考えで生きるとすれば、それはもはやこの規定からはずれた生き方となる。しかしそれがどこからも、何人からも認められないかというと、そうでもない。こう書くと、いったい「義を行なう」ということは、聖書に命じられているのに、それはどうなるのか、という問いが起こるかもしれない。それが実はいわゆる山上の垂訓中の一部にあらわれている。「汝ら見られんために己が義を人の前にて行はぬやうに心せよ、然らずば、天にいます汝らの父より報《むくい》を得じ。……汝は……右の手のなすことを左の手に知すな。是はその施済の隠れん為なり。然らば隠れたるに見たまふ汝の父は報い給はん」（マタイ六・一―四）と教えられているのである。ここで注意すべきは、「隠れたるに見たまふ汝の父」という表現である。ここに証言者が認めてもらえる「唯一の眼」がある。

（2）教会「外」証言者に対する自然的制約

この教会「外」に立つ証し人は、教会「内」にあるときのように、その関係する一切を、教会の本質に基づき、「はねのけ」て、語りうるというものではない。そこには必然的に彼を「規定するもの」がある。これが教会「外」世界に立つということの位置づけであり、かつ意味づけである。

このことはすでに本書第一部において、使徒パウロが、この世界に立ち、ローマ皇帝に上訴しようとしたときに、「ローマ市民」たることを自覚し、かつそれに立つことによって行動したという事実によって、示されている一つの「規定」である。

以下この意味における、この世界に立つ証し人を「規定する不可避的なもの」を、次の順序でのべてゆこうと思う。

(a) 教会「外」証言者の不可避的制約である「民族性」　この教会「外」に立つ証し人を、不可避的に規定するものの第一は、彼の属する「民族性」である。

笠《りゅう》信太郎《しんたろう》氏 (1900年 - 1967) は、その『ものの見方について』(昭和三十二年初版、角川書店) という書中に面白いことを書いている。そこには「歩きながら考える」と題して、「イギリス人は歩きながら考える。フランス人は考えたあとで走り出す。そしてスペイン人は走ってしまったあとで考える――だれが最初に言い出したことかは知らないが、かつての国際連盟事務局長、後にはオックスフォードでスペイン文学を講じたこともあるスペインの明敏な外交官、マドリヤーカが書いたことである。この筆法でいうなら、ドイツ人もどこかフランス人に似ていて、考えたあとで歩き出す、といった部類に属するといってよいかもしれない。歩き出したら、もうものを考えないという性格である。それでは、これに型どっていったら、われわれ日本人はいったいどういうことになるだろう、この四つの型の中のどれに似ているだろう、というわれわれ自身の問題はしばらく預かることにして、まず話をイギリス人から始めてみる。イギリス人は歩きながら考える――と、走ったあとで、ああこれはしまったと考えるスペイン人の一人が批評している。むろん譬え話に過ぎないが、これはよくイギリス人の性格を摑んだものだと私は感心する」としるしている（一六―一七頁）。

これについて、リースマンはその著『孤独な群衆』（加藤秀俊訳、一九六四年、*The Lonely Crowd* by David Riesman, 1960）の中に次のように書いている。「大多数の人間は、さまざまな社会システムに、順応してゆくことのできる、しなやかさを多少はもっている。しかし、それには限界がある。そして、アメリカの歴史をふり返ってみると、アメリカ・インディアンは奴隷として役に立たなかった。アフリカから運ばれてきた黒人たちが、奴隷として使われたのである。黒人が奴隷になりえたというのは、スタンレー・テルキンスがその著『奴隷』でのべているように、奴隷船にのせられている間に、彼らが自分のもっている文化をこわされてしまい、また精神をたたきつぶされてしまったからだ、というふうに考えることもできようが、理由はそれだけではない。実際ひと口に奴隷といっても、アフリカでの種族別によって、農場労働者に向いている奴隷もあったし、また家事労働がとくいな奴隷もあったのだ。スペイン人たちが西印度諸島の原住民を殺りくして、その代わりに、アフリカから黒人をつれてきたというのは、何らイデオロギー的な理由に基づくのではなく、もっぱら経験的な理由によるものだ。すなわち黒人たちの社会的性格は、きびしい労働条件に耐えうる性質のものだったからなのである。……現在アメリカのインディアンは保護地域に生活しているが……これと異なって、アメリカへの移民の歴史を考えてみただけでもわかる。これらの移民たちは、全く同じ状況に直面しながら、全くちがった仕方でアメリカ社会に反応したのだ」と、米国に輸入された民族の奴隷となった過程を論じている。

次に近代になって米国に移民として渡来した日本人と中国人との別をのべている。「例えば同じ東洋人でも、日本人二世は高い教育をうけることをのぞむ。だが中国人は、三世になっても、洗濯屋や中華料理店を経営しつづけるのである。さまざまな文化的背景をもった移民たちが、アメリカ人としてアメリカ社会にとけこんでいく為には、三世代も四世代もかかるのである」としるしている（一一頁）。

以上のことをみると、環境の変化も、時代の転換も、ともにある種の民族に関しては、彼らを変化させる力となりにくいことがよくわかる。この差異がどこからきているか。この問題はもちろん単一の理由だけで解けるものではない。しかしその最も大きい原因の一つは、その民族が味わってきた、あるいはつくりあげてきたその「文化」――これについては後にのべる――の力だということが出来る。

この「文化」はしかし抽象的にでき上がるものではない。これについてピオヴェザーナは、その著『歴史の意義』（Gino K. Piovesana, 大谷啓治訳、理想社、一九六五年）の中に、第二章「歴史の地理的条件」および第三章「歴史における生物学と人種」という項をもうけ、この文化と、否、歴史とその地理的自然的条件との関係を論じている。

この著者はこの第二章で、「新旧の地理的環境論者」についてのべ、その発展をヒポクラテス学派から始め、アラビアの学者および仏国のモンテスキュー（Charles-Louis de Montesquieu, 1689 - 1755）および英国のH・バックル（Henry Thomas Buckle, 1821 - 1862）などのそれに及び、ドイツのラッツェル（Friedrich Ratzel, 1844 - 1904）によって、最も体系的で学問的な研究がなされたが、米国ではE・ハンティントン（Ellsworth Huntington, 1876 – 1947）が、この地理的環境論の普及に努めたことをのべている。そして、現代のそれにおよび、最後にF・J・ターナーの『アメリカ国境仮説』と日本の和辻哲郎《わつじてつろう》（1889 - 1960）の『風土』をあげている。そしてさらに和辻の著は、地理的環境論と実存主義哲学とを、混ぜ合わせたものだと、見ている。かくして人間の民族的、文化的進歩は、人間の文化がある程度発達してゆくと、その発達にしたがって、地理的圧力が減少してゆくといい、この場合には、教養が自然を征服してゆくものと見ている。

今ここでこれらの諸論の生邪《せいじゃ》当否を論ずるつもりはない。ただ人間の民族的・文化的発展が、自然的地理的条件によって、その文化のある程度まで影響し、その文化の程度がある程度高くなると、それが逆になることだけをとりあげたいと思う。

こう見てくると、人間が全く変えられるということは、それ自身の民族的の文化が、何らかの理由と原因とにより、変えられることになり、その結果として人間自身の本質も変えられるようになりうるという——いわば人間を変化させる最後のものは、「民族的文化の変更」ではなかろうか、という点である。この点については後にのべることとする。

とにかく「世界変革」というと、何もかも全体的に変えられるように思いがちだが、上述の点を考えると、やはり人間というものには、絶対的ではないが、なかなか変えられない本質的？なもののあることが知られる。時代的転換を考えるにあたり、心すべきことはこの点ではなかろうか？

ここまで見てくると「不可避的」というのは、それが先天的の制約であり、またさらに、日本人のそれは、日本人であるということから出ている制約であることがわかってくる。これは「私」の問題であるということになりやすい。すなわち民族性と個人性とを、分けることによって、前者の変化または後者の変化を、単独に見ることにより、学者自身の主張を証拠だてる基礎となりやすい。だが私はここで、一つの興味ある発言を見出した。それは最近日本でその著書が訳され紹介されている「ノーバート・ウィーナー著『化学と神』（副題・サイバネティックスと宗教・鎮目恭夫訳、みすず書房、一九六八年）」の中の「解説」における「個体と種族の学習行動の相似性」という一部分である。これについては長くなり過ぎるからここではのべない。とにかく上述のような民族と個人とを分けて、その民族性に関する論述の基礎づけは成立せず、したがってここで私が個人「証し人」に対する不可避的規定として、「民族性」についてのべるのはまちがっていないと思う。

あらためて言うが、この世界に立つ「証し人」は、第一にその「民族性」（国民性）によって、不可避的に制約される。ここに民族性と国民性とを同義的に用いているのは、日本という国家が、その起源においてはどうであっても、現在では日本民族と呼ばれる一民族からなっているので、語義だけから言えば別のわけだが、具体的または実質的には、不可分の関係、否、同義的に用いられてさしつかえない。もちろん、もしこれが多民族からなっている国家の場合には——今日なお欧州諸国に見られるような——同義的には用いられない。言うまでもなく、それらの国々においては、それを構成している個々の民族独得の言語・慣習・物の考え方があるから、一義的には言われない。したがって国民と民族とは別に見られる必要がある。

ところがわれわれ日本人の場合には、これを同義語に用いることができるが、多民族的国家の場合とは、用語においても、また対国家的態度においても、異なってくる。

ではこの民族性または国民性との関係において、「日本人としての証し人」が、これによって、不可避的に制約されるとは、いかなる点においてであろう。これは最も具体的に言うと、われわれは日本のすべての人間がそうであるように、自己の所属地区における「選挙」において、自己の所属地域の選挙に際して、「一票を投ずべき義務」を負わされているということである。言うまでもなく、衆参両院のそれの場合に、この一票がもっている義務と責任とを負わされ、そしてそれが与える権利を享受している。それはわれわれが教会に属しているとかいないとかいうことには、全然関係がない。換言すればわれわれは、教会および信仰とは、全く無関係の「日本人」としての義務を負わされているわけである。

もちろんこの一票を投ずるか否かは、われわれの自由であるが、しかしその自由は、全く同一の自由ではない。これには自己が良しとする候補者がいないから、というところにその根拠をもっていると思われる。しかし気に入らない候補者でも、ベストではなくとも、ベターであるという、いわゆる次善の人があるはずである。もしまた全然そんな理由がなく、対国家的または対政治的興味のないところから、棄権するとすれば、それは正しくないというべきである。新約聖書それ自身もこの点については、ローマ書十三章一節以下およびそれに関係した他の個所においてのべていることからみても、こう断言することができる。もちろん日本国家に所属することを快しとしないための棄権だとすれば、そもそも常時その保護の下に生活しているということそれ自身が欺瞞であると言わなければならない。ではどうするかと言えば、このような場合には、国籍から「離脱」する態度をとるべきである。この国籍からの離脱の自由は、憲法において（第二二条）認められている。もちろん、私は素人だから、この「離脱」が法的に、いかに解釈されるべきかという理論は知らない。しかし保護は受けるが、義務は果たさない、というような態度をとるとすれば、その人はもはや一人格としてはとり扱われない人間である。

この日本国における選挙およびそれに対する一票を投ずるということは、「証し人」がこの国家におかれている以上、そこから生ずる一切の義務と責任とから免れえないということを示している。この意味でこれが「証し人」に対する「不可避的制約」としてみられる理由である。

ここでわれわれはあらためて、それではこの国家と同義に用いられる「民族」とは何か？　ということを問わなければならない。これに対して大正期の哲学者として知られていた、そして今日はほとんど忘れられていると思われる元東北大学教授阿部次郎の言葉をひきたいと思う。「余は日本人である。余は日本人の血をうけて生まれ、日本の歴史によって育くまれ、日本の社会の中に生息している。ゆえにみづから好むと好まざるとを問わず、日本人であることは余の運命である。自己の素質に内省の眼を向けるとき、余はいかに多くの日本的なるものを自己の中に発見することであろう」と言われ、「余の中に日本的なるもののよきもののあることを感ずるとき、余は日本人であることを喜びとする。さうして我らの祖先と共通なる局限を余自身の中にも発見するとき、余は余が日本人であることについて、一種の悲哀を感ずる。しかしいかにこれを喜ぶもこれを悲しむも、またいかなる意志をもって日本人的素質を脱却せんと努力するも、余はついに日本人ならぬものとなることは出来ない。余が日本人ならぬものとなり得ないのは、余が余ならぬものとなり得ないと同様である」とは、そこに言われている彼の言葉である。（『阿部次郎全集』第一巻四二三頁、船山信一『大正哲学史研究』六六頁からの孫引き）。ここに民族に関する「基礎的問題」が見出される。

この関係で私は、その著者から贈られた鍋山貞親著『私は共産党をすてた』という書の副題である「自由と祖国を求めて」という句に前述の「民族」が、いかにわれわれ日本人から断ちがたいものであるかを感じさせられた。この著者が大正から昭和にかけて、日本共産党の著名な闘士であったことは少し古い人には、記憶されているであろう。彼は服役中、大東亜戦争の勃発に際し、ついに党と主義とをすてた。それが党の人々から裏切り者と呼ばれ、その主義者から妥協者と呼ばれたことは私も知っている。しかし私はここで「血は水より濃い」という諺の真なるを思わせられた。

ここで「日本人」たることが「キリスト者」たることに、従位をとることを認めながら、しかも証し人としてのわれわれは、その生き方において、これを無視することができないし――もちろん無視しようとしてもできるものではないが――それに対するわれわれの義務として、これを考えないわけにはいかない。

阿部次郎氏は前掲の言葉につづいて「また一面から言えば、余の中には、民族的特質を超越して、世界におけるあらゆる他の民族と共通なる『人』としての生活の一面がある。余は民族史に規定せらるるとともに、世界史に規定せられ、民族史によって教育せらるるとともに、世界史によって教育せらるる『世界人』である……この事実を閑却してはならない」とも言っている（前同書引用)。この言葉の中の「世界人」という句を、われわれの場合には、「キリスト者」という句でおきかえれば、私がここに言わんとする点が、よくわかってもらえるであろう。

しかしこの問題は、こう言っただけでは片づかない。われわれが日本国民だということは、前述のように、「形式的」または「外形的」には、教会または信仰とは無関係の性格ではあるが、だからといって、このことが、他方を全く無縁だとするものではない。そこで、われわれのもっている二つの性格、すなわち「キリスト者」と「日本人」という二つの属性を、どういう関係におかれているものとして考えるか、という問題がさらに起こってくる。私はこれを、「キリスト者・日本人」と「日本人・キリスト者」という二つの逆の表現によって考えようと思う。前者はその表現が示しているように、「キリスト者」たることが主であり、「日本人」たることが従であることを意味し、後者はその逆を意味するものとして用いたい。換言すれば、「日本人」という自然的関係の属性と、「キリスト者」の信仰的関係という属性の位置づけの問題である。この二点は過去においても、また現在においても、三つの係わり方をしている。その第一は、この両点が全く合致すると考えられる場合である。これでは前述の「自然的関係」と「信仰的関係」の次元的差異、または重点的位置づけの必要がなくなり、したがって一元的に考えられる。だがこの考え方が誤りであることは、次元的差異のないということと、重点的位置づけのそれがないということとで、キリスト者と日本人ということとは、同一に見られるということにおいて――同一ではありえないのに――それが誤りであることは明らかである。

この両点の係わり方の考えとしてのその第二は、これらが全く分離され、したがって対立するものと考えられる場合である。これが案外今日でもなお多くのキリスト者によってとられているらしい。ことにキリスト者大学生のかなりの数が、この立場に立ち、そしてそこから出る問題に苦しんでいるようにみえる。だがこれが誤りであることは、それが「対立的」に見られるということにおいて明らかで、少なくともキリスト教信仰に立つものである以上、そして前述の「キリスト者・日本人」という点に立つ以上、このような「対立」が考えられるべきものでないことは、根源的、理論的に明らかである。ということは、そう考えるということ自体がそれを示している。それがなければそんな矛盾に悩むということはあり得ないからである。

この関係の第三の点は、「キリスト者」たることが、高次元的で、「日本人」たることが低次元的であるという見方である。したがってここには、「日本人」であるということが、否定もされていなければ、また捨てられもしない。しかしその見られる見方は、くり返して言うが、次元的差異において考えられているのである。

ここまでくると、教会「外」における「キリスト者・日本人」たるわれわれの「日本人」としてのその「民族」に対する、「責任」または「義務」が求められるということが明らかになる。そしてその責任または義務も、信仰によって「再解釈」されたものとしてのそれである。換言すれば、くり返して言うが、下からの「自然的発生的」にみられる日本民族が、上からの「信仰的眼」によって見直されたそれであるということが、この場合の本来的の答えとなる。では、この「再解釈」とは、いかなる意味において、証し人に求められるのであろうか。それは端的に言えば、聖書的にそれが求められているからである。

旧新約聖書を見ると、イスラエルの神の全世界経論において、イスラエルが選民としての特殊の地位を与えられていることはもちろんだが、不思議にも他の異邦諸民族もまた、イスラエルと同地位におかれているかのごとき「錯覚」をわれわれにもたせるような言葉がいくつか見出される。まずアモス書を見ると「イスラエルの子孫よ、我は汝らを視ることエテオピア人を視るがごとくするにあらずや、我はイスラエルをエジプトの国より、ペリシテ人をカフトルより、スリア人をキルより導き来りしにあらずや」（九・七）と言われている。またヨナ書を見ると、「まして十二万余りの右左をわきまへざる者と許多《あまた》の家畜とあるこの大いなる府《まち》ニネベを、われ惜しまざらんや」（四・一一）と言われている。またダニエル書には「汝つひに知らん、至高者《いとたかきもの》人間の国を治めて、己れ意のままに、之を人に与へ給ふと」（四・二五、三二）と二回もくり返されている。さらに異邦の王に対して、イザヤ書は、「われヤーウェわが受膏者クロスの右の手をとりて、もろもろの国をその前に降《くだ》らしめ……我なんじの名をよべり、汝われを知らずといへど、われ名をなんじに賜ひたり」（四五・一―四）とさえしるしている。もちろんこれはペルシャ第一世王が、イスラエルのバビロンからの解放者であったという、特殊関係をもってはいたが。

　またローマ書を見るとパウロは「すべて善をおこなふ人には、ユダヤ人を始めギリシャ人にも光栄と尊貴《とうとき》と平安とあらん。そは神には偏り見給ふことなければなり。凡《おおよ》そ律法《おきて》なくして罪を犯したる者は律法なくして滅び、律法ありて罪を犯したる者は律法によりて審かるべし。……律法を有《も》たぬ異邦人、もし本性《うまれつき》のまま律法に載せたる所をおこなふ時は、律法を有《も》たずとも自《おのづ》から己《おの》が律法たるなり。すなわち律法の命ずる所のその心に録《しる》されたるところを顕《あらは》し、おのが良心もこれが証しをなして、その念《おもい》、たがひに或《あるひ》は訴へ、或は辯明《べんめい》す」（二・九―一四）と言っている。

　以上がきわめて目立っている聖書中の言葉で、そしてこれこそ異邦民族中に生まれた者がキリスト者である場合、その民族に対する「自然的関係」をあらためて、「信仰的関係」で見直す、また再解釈する、ということが、その責任であるとともに特権であることを示す言葉である。

　ではその再解釈なるものは、いかなる点においてなされるか、ということが次の問題となる。それも聖書的に言うと、そのキリスト者の所属民族の「歴史」、ひいてはその「現状」、さらにその「将来」のそれに現われている。これは端的にパウロの母民族であるユダヤ民族に対する再解釈によって見られる。

　パウロはイスラエルに対して、「彼等はイスラエル人として、彼らには神の子とせられたること、栄光と、もろもろの契約と、授けられたる律法と、礼拝と、もろもろの約束とあり、先祖たちも彼らのものなり」(ローマ九・四―五)といい、さらにそのユダヤ人に与えられた「律法は我らをキリストに導く守り役となれり」(ガラテヤ三・二四)としるしている。この他彼がローマ書十一章にのべていることなどを見れば、彼の同胞に対する再解釈がきわめて明瞭になってくる。そしてさらにこの「憐憫の器は我等にして、ユダヤ人の中よりのみならず、異邦人の中よりも召し給ひしものなり」と言い、ことにホセア書の「我わが民たらざる者を、我が民と呼び、愛せられざる者を愛せらるると呼ばん」と言って、この再解釈が、異邦諸民族にまで及ぶべきであることを結論している(ローマ九・二四、二五、ホセア書二・二三)。

ここまでくると、初めて日本人たる「証し人」が「キリスト者・日本人」としての立場をとるべきことと、それとともに、自己の「キリスト者」としての眼をもって、自己の「日本人」たることの信仰的意義を見るべきことと、あわせてこれを再解釈すべき義務と責任とを負わされていることとが明らかになってくる。

言うまでもなく、この「わが民族」の再解釈とは、まず「現在」上述の「責任感」に生きつつ、それによって「過去」を見直し、それによって今度は前向きになって、その「将来」を見るということを意味している。これに対しては、もちろん日本歴史全般——その実証的歴史、それに立脚した文化史一般、ひいてはそこに現われた「長所」と「短所」とが、専門家の眼で十分に見きわめられなければならない。さらに、私のようなその歴史の部分的理解しか持たない人間が、軽々しく口にすべきことではない。しかし素人ながら今日まで、私が読ませられ、聞かせられたこの二点についてのべることが許されるであろうし、またのべるべき責任を負わせられているように感ずる。

ではまず「短所」と思われる点をのべよう。周知のようにわが民族には、その独特の自己が創造した文化というものがなく、すべて外来のそれを受容し、それを発展または改造して、今日にいたっていると言われる。すなわち古代においては、広義の支那大陸の文化を——時としては朝鮮経由で、時としては遣隋使および遣唐使により、直接に——伝承し、さらに近代になっては、いわゆる西洋文化を——スペインまたはオランダを通し——受け入れて、今日の日本文化をもつようになった。さらに現在においては、とくに敗戦後特別の意味で入ってきた米国文化を受け、それがまだ消化しきれないでいる状態である。自己の創造した文化をもたないということは、悲しいことだが、これも日本民族の短所と言わざるをえない。私はこの事実を率直に認めなければならないと感ずる。

だが「長所」をも見のがしてはならない。それは外来文化を基礎としながら、しかもこれを日本的に改造し、その改造において独得の「味わい」を出したという点に見られる。それは文化のあらゆる面において見られる。その最もよい例は日本画の場合である。常に支那大陸からの影響を受けながら、しかもそこに独得の日本画と呼ばれる一つの「境地」をつくり出したといわれる。あるいはまた新渡戸博士によって英語で海外に紹介された「武士道」およびそれに附随した「武術」において見られると思う。古い話だが、米国の一哲学者が、日本の武士の対主君忠誠、とくに赤穂四十七士のそれから、「忠誠の哲学」(Philosophy of Loyalty) を建設したことが思い出される。これらを見ると、日本民族は、「模倣から創造へ」という進み方を――創造が言い過ぎならば、改造と言うべきかも知れない――という一線を進んできたわけである。

これはしかし考え方によっては、やむをえないことである。まずい例だが、工業資源のない国が、資源を外国から輸入し、それを製造して新しい機械または製品とするという、今日現存しているある国々がやっていることで、そこに必ずしも特徴を見ることが出来ないとは言えないと思う。

だがこの過程については、今日でも模倣または輸入が強く、改造または創造が非常に弱いという事実の存在に、目をふさぐわけにはいかない。例えば機械工業などの面において、欧米の特許品を借りて用いるために、年間何百億という金が先方に払われていると聞いている。換言すれば「専売特許」ということが、法的にそして国際的に認められているために起こる悲しい事実である。このことはさらに学問の世界でも行なわれている。今日、日本で刊行される書籍の広告を見ると、その大部分が外国書の翻訳であるか、またはその紹介的のもので、いわゆるダイジェスト版が非常に多いことが目につく。しかもその翻訳をした人の名が、それによって一躍、「学者」として、広く宣伝されるのが普通である。欧米においてはこんなことは、ないとは言わないまでも、きわめて稀であると言われる。もちろん古典文学の場合、それが定訳とされている場合などは、そんなことが欧米でもみられる。上述の日本の翻訳に関する残念な傾向は、日本人一般が外国語にうといという事実から出たもので、その意味の後進性が、しからしめたことで、どうも仕方がない。だがなさけないことだ。このことは私自身の領域についてはとくに力説される必要がある。もちろんキリスト教神学そのものが、その歴史が浅いため、仕方のないことだとも言えるが、欧米の有名神学者の思想のダイジェストをする人がそれだけで、いっぱしの「神学者」として売れていることなどを見て、このなさけなさがいっそう強化される。

これについて工業界の実情に警告を与えている一論文が、読売新聞（一九六九年三月二十日朝刊）に、「独創的な技術の開発を」と題して載った。前述のようなことを多少知ってはいたが、しかし二十世紀の四半世紀が過ぎようとする今日、こんなことが言われるとは、くり返すようだが、本当になさけないことと私は感じた。そこには「ここで問題になるのは、この経済成長を支えてきた技術が、大幅に外国技術の導入に依存してきたことである……明治以後日本の近代文化が急速に進んだのも、西洋文明を積極的にとり入れたからである。もちろん日本人に外国技術を消化し、改良する能力と、外国文明に対する適応性に富んだ国民性が、基盤にあってのことであるが、反面それは独自の技術を開発するよりも、外国技術を摂取し、改良するという日本的技術の体質を作り出したともいえる。……今後とも経済成長をつづけていくためには、独創的な技術を開発しなければならない。それには、日本の技術の体質を、創造力のあるものに改善しなければならない」と言っている。これは昭和四三（一九六八）年度の「科学技術白書」に基づいた議論である。

この一論文には、私の言わんとする点が、経済成長と、技術開発という点について、明瞭に示されている。

ここで私は相撲界に言い伝えられてきた格言を思い出す。「自分を育ててくれた先輩に対する恩返しは、その人を土俵の上で投げることである」。これこそ私の今言いたいことを一言で表現している。これはまた華道や茶道ひいては武術の世界においても言われる。一流派の門に入って、基礎的なことを教えられる。しかしそれに熟達してきたとき、それにアグラをかかず、そこでさらに自己独得のものを創造して、その道の新流派を開くということの行なわれている事実である。それはその世界においては、あるいは裏切り行為、または忘恩のそれだと言われてきたということを聞いているし、また言われているということも聞いている。だがこれこそ本当の「ものを学ぶ」ということの意義である。

これこそわが日本民族が今改めて考えるべき問題だと思う。そしてこれこそ「証し人」が、その民族その国家の一切を「再解釈」する、ということの意義であろう。

ではこの「民族性」の問題は、神の国の終末的実現のとき、いかなる位置を与えられるのであろうか？　この問題も一応この項において考えておくべきであろう。

聖書は不思議にも、これについて教えている。もちろん、この神の国実現の後、われわれキリスト者が、「教会」の肢としての性格の完全に実現されるときにも、なおそれを「ひも」のように、または「尻尾」のように、くっつけているという意味ではない。だがそれを離れたからといって、それとの関係が、全く忘れ去られるというわけではないという点である。というのは、この「民族」は、その時においてもなお、それがその神の国において、その位置を与えられ、かつ「われわれがそこで生まれた」ということが、神の前に覚えられているのである。これは実にふつうのキリスト者が考えないことで、私も最初聖書を読んだときには、それには全然気がつかなかったという事実である。

次に詩編第八七篇を見ると、「われはラハブ、バビロンをも我をしるものの中にあげん、ペリシテ、ツロ（ティルス）、エテオピア（クシュ）を視よ、この人はかしこに生まれたりといはん、シオンにつきてはかくいはん、此もの、彼の者その中に生まれたり、至上者《いとたかきもの》みずからシオンを立てたまはんと、ヤーウェもろもろの民をしるしたまふ時、この者は彼処に生まれたりと数へあげたまはん」（四―六節　「わたしはラハブとバビロンの名を／わたしを知る者の名と共に挙げよう。見よ、ペリシテ、ティルス、クシュをも／この都で生まれた、と書こう。シオンについて、人々は言うであろう／この人もかの人もこの都で生まれた、と。」いと高き神御自

と言われている。そしてさらに黙示録において、教会が完全に
その形と質とを実現され、かつ天から新装をもって降り、そしてさらに神の国が実現されたとき
にすらも、「諸国の民は都の光のなかを歩み、地の王たちは己が栄光をここに携へきたる」
（二一・二四）とのべられている。したがってこの改変された「民族性」は、その民族の人々が神
の国実現までその存在を保ち、われわれのそれとの関係が聖前に覚えられるのであるということ
を、われわれは聖書においてそれを与えられ、学ばせられるのである。これが自民族の信仰的再
解釈ということである。

（b）教会「外」証言者の不可避的制約である「文化性」　次に証し人を不可避的に規定す
るものとして、その「文化」の問題がとりあげられなければならない。前述した民族の問題と、
ひいては次の世代の問題とからみ合っている。この両点は明確に区別することは困難である。こ
とにこの文化性を考えることなくして民族性を論ずることはできない。――つまりその時の文
化を離れて、その時の民族ということは考えられないという関係があるのである。

私はこれまでの生涯の一割弱を、米独で過ごしたので、一応この両国の人々の日本人観につい
ては、わかっていたつもりであった。そしてこれらの人々が、日本と言えば「フジヤマ・ゲイ
シャガール」の国と言っているのを、むしろ皮相観として受けとり、真剣に彼らが日本をこんな
ふうに見ているとは感じていなかった。

ところが数年前、ルース・ベネディクト著・長谷川松治訳『菊と刀』（一九四八年、社会思想社、Ruth Benedict: *The Chrysanthemum and the Sword*, 1957）を読んだ。お恥ずかしいことだが、私も明治人のためか、保守的なところが多分にあって、その時々に評判になっている書物をわざと読まないという、悪い癖をもっている。そのためこの書が訳された当時、あんなに評判になったが、読まないでいたわけである。ところが読んでみて驚いた。日本文化と欧米文化との差異を、日本へ来たこともない一米国婦人が、これほどまで分析と総合をしていることを知り、私の眼は外人の日本人観という点で、全く開かれた。

読者諸氏はむろんごぞんじであろうが、一応この書のなりゆきについてしるす。本書の著者は戦時中「戦時情報局」ことに「極東部」から、この点に関する報告をするという課題を与えられ、その結果でき上ったのが本書であった。著者はこの書を十三章に分け、「明治維新」から「降服後の日本人」までを対象とし、日本文化の欧米のそれとの差異を、驚くべき分析力と総合力とをもってまとめている。

本書中とくに「日本人的」といわれているその文化の特定の問題としてあげているのと——一言では「恥の文化」とよんではいるが——それらに関する著者の感じと驚きとを次に少し細かくしるしてみよう。

まず第五章「過去と世間に負目を負う者」と題する部分においては、「かってよくわれわれは英語で、われわれは'heirs of the ages'（過去を嗣ぐ者）であると言ったものである。両度の大戦とはなはだしい経済的危機のためにこの言葉のあらわしていた自信は、多少薄らいで来はしたが、しかしこの変化も、われわれの過去に債務を負っているという感じを減じなかったことだけは確かである」としるし、ついで「東洋諸国民は全くこの逆である」と言い、そして東洋人一般として、例えば祖先崇拝という語でも、欧米人がこれを祖先にだけ向いているのとはちがい、その語の意味が非常に広くもたれ、そしてとくに「日本人はわれわれの行動の動機が不十分であると感じる……日本では義とは、祖先と同時代者とをともに包含する相互債務の巨大な網状組織の中に、自分が位置していることを認めることである。このような東洋と西欧との極端な相違は、言葉で言い表わすのは簡単だが、実際生活の上にどのような違いを生じるかということを、認識することは困難である」としるし、さらにobligation（義務）を意味するさまざまな言葉がある。「これらの言葉は完全な同義語ではなく、それぞれの語がもっている特殊な意味は、とうてい文字通り英語に翻訳できない」と、日本的な「負目を負う」という表現を、いちいち西欧のそれと対照しながらのべている。

第六章「万分の一の恩返し」という項において著者は次のようにいっている。「『恩』は負債であって返済しなければならない。ところで日本では、報恩とは恩とは全く別な範疇に属するものと考えられている。日本人は倫理学においても、またobligation（義務、恩義）duty（義務、任務）

のような、どちらにも通ずる語においても、この二つの範疇を混同しているわれわれの道徳を奇異に感じる。それはちょうどわれわれが、金銭取引き上の『借方』と『貸方』とを区別しないような言語をもつ部族の経済取引きを、異様に感じるのと同じである。日本人にとっては、『恩』と呼ばれる主要な、決して消滅することのない債務と、一連の別な概念によって名づけられる積極的な、のっぴきならない返済とは、全く異なった世界である。人の債務（恩）は、徳業ではない。返済がそうなのだ。徳は人が積極的に報恩行為に身を捧げる時に始まる」としるし、そこに西欧の考え方と日本人のそれとの差異を細かくのべ、そして「われわれは、日本人の基本的要請である、すべての人間は生まれ落ちるとともに、自動的に大きな債務を受けるという観念を欠いている……」と、この差異を実に巧みにのべ、そこに「日本人の義務ならびに反対義務一覧表」をしるしている（一三五頁）。

第七章「義理ほどつらいものはない」という項では、次のようにしるしている。「日本人のよく言う言葉に『義理ほどつらいものはない』というのがある。人は『義務』を返済せねばならないと同様に、『義理』を返済せねばならない。しかしながら『義理』は、『義務』とは類を異にする一連の義務である。これに相当する言葉は、英語には全く見当らない。また人類学者が世界の文化のうちに見出す、あらゆる風変りな道徳的義務の範疇の中でも、最も珍らしいものの一つである。それは特に日本的なものである」と、この義理という語の特殊な意義に驚き、その意味を分析している。これはわれわれ日本人にはわかりすぎるほどわかっているから、これ以上、著者の驚きの言葉をあげる必要はないだろう。

第八章「汚名をすすぐ」という項では次のようにしるしている。「名に対する『義理』とは、自分の名声を汚さないようにする義務である。これはさまざまの徳からなり立っている。それらの徳のうちあるものは、西欧人には相反するものと考えられるが、日本人から見れば、それらの義務はいずれも、ひと（他人）から受けた恩恵の返済ではないという点、すなわち恩の『圏外』にあるという点で、結構統一をもっている。それは、以前に他の人から受けた恩義に係わりなく、自己の名声を輝かすさまざまの行為である」。この点も前項のそれと同様、われわれには、それが欧米人のそれとは全くちがっていることがわかっているから、いちいち著者の言葉を引くまでもないであろう。

第九章「人情の世界」という項については、次のように言っている。「日本の道徳律のように、あれほど極端な義務の返済と、徹底した自己放棄とを要求する道徳律は、当然首尾一貫して、個人的欲望に、人間の胸中から除去すべき罪悪という烙印を押していそうに思われる。古典仏教の教えがそうである。したがって日本の道徳律が、あのように寛大に五感の快楽を許容しているのは、二重に意外な感じがする。日本は世界有数の仏教国の一つであるにもかかわらず、その倫理がこの点でガウタマ・ブッダ（釈迦）ならびに仏教経典の教えと、著しい対照をなしている。日本人は自己の欲望の満足を罪悪とは考えない。彼らはピューリタンではない。彼らは肉体的快楽をよいもの、涵養に値するものと考えている。快楽は追求され、尊重される。しかしながら快楽は、一定の限界内にとどめておかなければならない。快楽は人生の重大な事柄の領域に侵入してはならない」といい、その快楽の実例として入浴、または睡眠、そしてさらに食事や身体をあためることなどを実例としてのべている。

終わりの第十三章「降服後の日本人」の項では、勝戦ののち、米国人がいかに日本を治め、そしてそれについての施策を行なうべきかに在日司令官マッカーサーほか、在ワシントンの関係高官の間で、苦心がなされたかがのべられている。それにつづいて次のようにしるされている。

「ところが、この指令がワシントンで作成されつつあった当時はまだ、日本人はおそらく、不服従、敵対の態度を示すであろう、何しろあの通り虎視眈々と復讐の機会をうかがう国民のことであるからして、一切の平和的計画をサボタージュするかもしれない、と恐れるアメリカ人が多かった。こういう危惧は、その後の事実に照してみて、根拠のないものであったことが明らかになった。そしてその理由は、敗戦国民ないしは敗戦国の政治経済に関する普遍的真理にあるというより、むしろ日本の特異な文化の中に存在した。日本以外の他の国民であったならば、おそらくこのような信義に基づく政策は、これほどの成功を収めることができなかったであろう。日本人の目から見ると、この政策は、敗戦という冷厳な事実から屈辱の表象を取り除き、彼らに新しい政策を受け容れることのできた理由は正しく、特異な文化によって形づくられた日本人の特異な性格に他ならなかった」と、米国政策の日本人による受け取り方が、その一般的な形でのべられている（三四七―八頁。教養文庫版）。

この書を読んで私は、今まで私が欧米人を理解していたと思ったのは、きわめて浅薄なもので、同時にこの書が広く欧米人に読まれたら、「日本文化の特異性」が、彼らにより深くかつより広く理解されるだろうと考えるようになった。

しかし今日はこの事態がよほど違ってきた。一言で言うと、いわゆる「戦後の日本人は、前時代の人々とは」事実違ったのである。まず、学生の渡米および渡欧が非常に多くなってきたこと、次にいわゆる交換教授として多くの日本の若い学者がこれらの国々に行くのみならず、住むようになってきたこと、それに近来日本人の海外レジャー旅行者の多くなったこと、それに日本の海外貿易の範囲が意外に広くなってきたことなどにより、相互理解の機会が多くなってきた。

もちろんこれには両面ある。日本人の海外進出は、今まで知られていなかった日本人の「恥かしい面」をさらけ出す機会ともなったし、それほどでなくても、そのマイナス面が顕著になってきたということである。私の知り合いの者が米国に長く住んだため、その子どもたちが二世となっていた。しかし両親の帰朝によって、その子らは大はカレッジ卒業、小はハイ・スクール卒業で、帰朝以来日本の私立大学で学び、そこで日本を知り、かつ日本語のみがきをかけるということをした。ところがその娘の一人は、どうも日本に住むのがイヤでまた渡米し、米国で、「ある大きな大学の交換教授としてそこにいる日本人学者たちの論文英訳の手伝いをする」という仕事についた。そこで彼女の具体的に見聞した結果を、彼女がちょっと帰朝したとき、私に「コンフィデンシャルだが」と話してくれた。イヤハヤそれは聞くにたえない恥かしいことばかりであった。例えばその学者たちは「島国根性をさらけ出し、お互いに嫉妬心で敵対関係にたち、傍らで見ていられないようなみにくさを暴露している」と言うのである。

だがそんなことばかりではないらしい。すなわちそこにいる間に、彼らがだんだん米人の風俗習慣や「考え方」を学び、徐々に違ってきて、さらに日本人としてのよい特徴をも見せるようになる、という点である。

それは徐々に治療されつつあるということではあるが、しかしこれまた民族間の文化に根ざす、相互理解における難点として、これをあげておくのも無駄ではあるまい。明治維新、外人渡来によって日本人の対外理解の眼が開かれたが、今度がその第二回として、かなり重要な機会が与えられたということができよう。

（c）教会「外」証言者の不可避的制約である「世代性」　この証し人の教会「外」生き方に対する基本的制約の第三は、「世代的断層」の問題である。

これは生物界に属する人間にとって、一つの超えがたい限界を示すもので、生物学的に、発達学的に、そして心理学的に、そこにあらわれる世代間の「断層」または、より強く言えば「断絶」というべきものである。これが今日の「人間不在」問題を、側面から激化させる一つの原因となっている。この断層は、具体的にいうと、心理的違和感として世代間に感じられる。これは生物学的原因からくるものだから、一応いかんともすることのできないもののごとく思われる。そして多くの老人たちが――少なくとも正直な人はそれを告白している。

この意味において古い人と新しい人とは、この点の認識を欠いてはならないし、また欠いては「今日」が理解できない。これこそ「旧・新」または「保守・進歩」という差違を、必然的に発生させるし、そして相互無理解の原因となるものである。

ではこの「世代的差異」とは何であろうか？　昔はこれを「時代的」と言った。しかし今日では、もう時代的では長すぎる。そして世代的と言わなくては、ピンとこない。もちろんこの「世代」という語は、昔もあった。

この「世代」という語は、実は自然科学から、ことに生物学から用いられるようになった語で、一人の人間がその生涯の「働き得る時間」として用いられるようになってきている。昔はこれを約三十年間としたが、この間の大戦後の急激な変化が、これでは長過ぎるという感を与え、これを十五年くらいとするようになった。数十年前、アバン・ゲール（戦前）およびアプレ・ゲール（戦後）というフランス語が流行した、この世代間隔が差異感を与えたところから起こった用法である。

この今日現存する若い者と年輩者との強烈な「違和感」は、この世代的差違に帰因している。そしてこれは近代では、明治維新前後の関係に似ているが、しかしあの時は旧世代の指導者が、新世代のそれとなったために、「形式」的差違はあったが、「内実」的変化は今日のそれのようではなかった。

むしろ今日のそれは、今まで日本が味わったことのない「敗戦」を境としているだけに、日本人が全く未経験の変化だから、この差違は、形容することだに、不可能だという感がする。今日推理小説家の第一人者と言われる松本清張氏が、次のようなことを書いている。それはある文学賞の選考委員会で、ある作品がとりあげられたとき、委員一同が、その作品内容の心理が、全くわからないし、また自分たちには「こんなことは書けない」と言ったというのである。彼は「これは年令が相当開いていることで当然とも言えるが、三十五、六歳の人がきて言うには、五年ぐらいちがっても、もう若い人の心理がわからないという……年令的な断層が小刻みになっているのだろう。それだけ世の中の進み方が速いということになる。以前は……年上の者は自分たちの若いその頃を思って、それなりに同感したものだ。全く理解に絶するということはなかった。つまり大きな系統の中に（筆者・両者とも）呼吸していたわけで、断層の差異も少なかったのである」と「年令の断層」という随筆に書いている（一九六八年二月一九日、読売新聞夕刊、「東風西

いとなってくる。したがってこの旧新の問題を、両者からのみ考えると、「どっちが正しいか？」という問題」)。

最近この実例ともみえるような「対話」が、NHKテレビ・スタジオ一〇二で、某鉄道会社社長と某国立大学名誉学長とのそれとして放送された（一九六九年二月四日朝）。一方の鉄道会社社長さんが、今日の大学生紛争を見ると、大学教授および大学生というものの今までの私共のイメージが、全くこわされた。こんな大学の卒業生では、私共の大事な会社の後継者ともなるべき者として、これをそのまま受け入れるということはできない。だからすべて留年した者の受け入れには、「試傭《しよう》」期間二カ月をおいて、その間にその係りの者がその生活を共にし、その「膚《はだ》」で感じた結果によってその採用を決定する。単なる入社面接ではわからないから、これが私共の大事な会社の責任を持っている者のなすべきことだと思う、と言った。すると、名誉学長さんがそれに口をはさんで――今日の大学紛争をきわめて好意的に、かつゆるやかな見方で彼の考え方をのべた後――「あなたも私もきわめて古い時代の大学卒業生だが、そんな古いことで、今の新しい人々の評価と批判をして正しいでしょうか？」と言った。するとアナウンサーが、「事態急なり」と感じとって、対談をそこで終わらせた。

この対談を聞くと、二つのことが注意される。一方の社長さんは、三、四十年前の彼の大学生時代の経験を規準として今の大学生の評価をしようとしている。これが満足なものでないことは、今の人にはだれにでもわかる。だがこれより他には、社長さん側には評価のきめ手がないわけである。また他方名誉学長さんの方は、社長さんに対して、古い規準で新しいものを評価してよいのかと聞いているが、ではご当人たちはそれをどう評価し、そのお膝元の問題をどう解決しているのかというと、この問いを出しただけでその解決は何も出していない。これが今日の「旧新の無解決」の論点である。この種の対談は、NHKおよびその他のチャンネルで度々行なわれたが、その結果はみな同じであった。

ここで私どもがもたせられる一つの問いがある。ではこの「新しい」ということはいったいどんなことか？　という問いである。

ここで私の言いたいことは、はなはだ唐突だが「すべての新しいものには、正しさがある」というべき点である。すなわち「新しい」ということは、「古い世代」が、未経験なる人間の「生」というものにおける新生面が、その形で味わわれているということを意味している。だとすれば、その意味において、「新世代」の見聞することは、「旧世代」には、全く経験されなかったことである。

だがこの「新しい」ということが、実は「新しくはない」という考え方と「真に新しい」という考え方とがありうる。ここで「時」というものの二つの見方が、その見方の原因になっていることがわかる。第一は、「新しいと見えるものも、実は新しくない」という見方で、それはこの

「時」を循環回帰的に見るとき出てくる判断である。それは回帰だから、時というものは円形に常にくり返しが起こる。それで「先きに有りし者はまた後にあるべし、先きに成りし事は、また後に成るべし。日の下には新しき者あらざるなり。見よこれは新しき者なりと指して言べき物あるや、其は我等の前にありし世々にすでに久しくありたる者なり」(伝道の書一・九―一〇「かつてあったことは、これからもあり／かつて起こったことは、これからも起こる。太陽の下、新しいものは何ひとつない。見よ、これこそ新しい、と言ってみても／それもまた、永遠の昔からあり／この時代の前にもあった。」コヘレトの言葉・新共同訳)という言葉が、そこから出ている。この見方は、実は自然現象からとられたもので、例えばエジプトはナイル川の定期的はんらんによってその暦を定め、その「時」を考えた。自然現象に根拠をおくかぎり、その見方は回帰的になり、したがってこの見方となる。

第二は、「新しいもの」は、「真に新しいのだ」という考えである。前述の考え方はこれからは出てこない。これから出てくるのは「時」を直線的にそして進展的に見るところにその要因をもっている。「視よ、われ新しき業をなさん。やがておこるべし」(イザヤ書四三・一九)という言葉や、「視《み》よ、われ一切《すべて》のものを新たにするなり」(黙示録二一・五)という言葉などは、この時の直線的見方から語られたものである。

したがって「新世代」に全く新価値をみないということは大きな誤りである。しかし問題はそれが、そのままでは「自然的で、素朴で、未反省的で、無思弁的で」、むしろ生物学的とでもいうべき、自然的次元における新しさである。それが現われるのは、まずその世代の言語、表現、服飾、流行となって現われる。だがそれは次には一種の調整となり、修辞となる。誰かが一つ言い出すと、それが全く人為的でなく――もちろんある場合には人為的のこともあるが――広がってくる。前述の「アプレ・ゲール」や、「とんでもハップン」や、今日テレビのC・Mで言う「いっぱい」――「楽しさいっぱい」のような――「しびれる」、「カッコいい」等のごとき流行語である。だがそれは少し進むと、一つの「論理」となってくる。「そこに山があるから登るんだ」または「旧体制がそこにあるからゲバ棒を」とは、この新形式の論理である。この論理には、案外ばかにならない新味がある。むしろ本当の論理というものは、こんな具合にして発達するものかもしれない。

この論理が進むと、それがいわゆる評論家の基礎理論になってくる。討論会などで若い評論家のこの論理によってまくしたてられた旧評論家が、面くらって答えに窮するという場面が、テレビでしばしば演ぜられる。いわゆる傍若無人《ぼうじゃくぶじん》（人まえをはばからず勝手気ままにふるまうこと。）とか、型破りとかいう論理は、もちろん多くの場合、その言葉を語る人の頭脳の弱さから出ることが多いが、しかし必ずしもそうではなく、この「新しさ」から出る場合もある。

いったい学問の発達も、生物学的および心理学的にみれば、こういうふうにしてなりたつものであるかもしれない。

この「世代」的間隔の問題は、したがって大きく「歴史的時代別」の問題につながってくる。

この歴史的時代別は、従来しばしば歴史家の主観による決定であり、歴史の本質的なものではないという考え方が言われてきた。しかしこれは大変な誤りで、前述のように人間の世界に、「世代」的間隔が必然的であるということと、不可分的につながっている。今日この世代的間隔を、マザマザと感じさせられている壮年または老年の史学者は、もはや歴史的時代別が、史家の主観だなどとは――今まで言ってきたにしても――言えなくなっていることを感じているのではなかろうか。

もちろん今日の日本人が、そして多少程度の差はあっても、世界中の頭のある人々が、この世代的間隔を感じないではいられないと思う。それは端的に「大学生問題」が、世界に共通している現象であることを見れば――それが肯定されるか否定されるかは別として――すぐわかることである。こんなことは心なき人々からは、「世界的流行」だと、簡単に片づけられるかもしれない。だがこの「流行」ということも、前述のように人為的につくり出されるそれもあるが、しかし決してそれだけで起こるものではない。人為的につくられても、それがこの「世代的感覚」に即していないとき、決して長つづきしうるものではない。人間は、そして青年たちは、それほど甘くかつおめでたくは出来ていない。もちろんそれに人為的力が加わっているということは、あんな騒動が、そしてあんな多数の学生が「金がなくて」つづけられるものでもないし、また動けるものでもない。どこかから巧みに、その運動費を出している「向き」があるであろうことは、容易に想像できる。

だがそれにもかかわらず、この学生運動という問題は、またこの項本来の主題にもどるが、「世代間隔」から出たものであることは、私には疑いのないことだと、断定してもよかろうとさえ感じられる。

では、これを基として必然的に見られるべき「歴史的時代別」とは、どんなことを言うのか。言うまでもなく、われわれにいちばん近いのは、中・高・大の学校時代に教えられた、世界史または日本史における「古代・中世・近世・現代」というそれである。そしてそれはその教えられた当時、「なるほど」と感じさせられたくらい、上手に分けられていた。言うまでもなく、この四つでも、これを一つ一つ、またさらに詳しく見れば、その一がその二に入り込んでいたり、その二がその一に入り込んでいたりというふうに、それぞれがそれぞれに互いに入り込んでいて、さらにくわしく見ると、この区分さえあやしくなるというような感じさえもたせられたこともなくはない。

このことは個人の生涯を顧みても同じである。子どものとき、中学時代、高校時代、大学時代、または結婚前とその後、さらに、現職時代と退職後、というふうに、自分で自分の生きてきた過去をふりかえっても、そう思わなければならないような、「別」または「間隔」のあることは否定できない。この歴史的な時代別については、今更あらためて論ずる必要もないと思うが、これに興味を感じられる向きは、東大教授堀米庸三著『歴史をみる眼』（一九六四年、NHKブックス）これには章別がないが、その第五項と第六項を参照せられたい。

このことはさらにわが日本が、有史以来、はじめての経験としての「敗戦」というにがい記憶をもっている者にとっては、「世代的間隔」などは当然のことで、「よくもこんなにちがってきたものだ」とさえ、感じさせられているほどである。ここに世代的間隔というものが、人間存在を、そしてここに言う「証し人」を「必然的に拘束する力」として働くものだということが、言われざるをえない理由である。

この感覚が決して抽象的または理論的なものだけでないことは――一例としてあげるが――『週刊現代』（一九六九年五月一日号）における「部署別徹底研究・この危機感がなかったら落第だ」という一文――これには「あなたがいますぐ解決を迫られている重大問題」という副題がつけられている――を見ればすぐわかる。そしてこの冒頭に「昭和戦国時代の強い認識を」としてのべられ、次いで「若手との意識の断層に悩む」と言われ、詳しく通俗的に、誰にでもわかるようにのべられている。だからこの問題はただにわれわれが、個人的にかつ精神的に、そしてさらに意識的に「感じている」というだけでは足らないし、そしてそれでは今日から落伍してしまうということさえも考えなければならない問題である。

だからここに「世代的間隔」が、必然的にそして不可抗的に、われわれを「拘束」し、かつ

「制約」するものだとしてのべておく理由である。

しかし誤解を受けるといけないから念のため「蛇足的」ではあるが、次の一点だけ一、二行書いておく。人間の人間としての「本質的」な問題の「受け渡し」は、この間隔にもかかわらず可能だという一点である。これが可能でなければ人間の世代の間は「絶対的」な「間隔」となり、そのときは「教育」などということは不可能になる。もちろん言うまでもないが、人間は本質的に「人間として」は不変であり、その現われとしての人間としての現われが可変である、というものである。もちろんこの「現われ」が人間の深層に及ぶときと、割合、浅くしかないこととがありうる。だからその教育にあたる人間の——これはちょっと脱線気味だが——深さ高さ広さの問題となってくる。そしてさらにその伝達の方法となってくる。このことをのべておかないと、では広く言って宗教伝道、狭く言ってキリスト教の伝道は？　と難詰されるおそれがあるから、一言だけけしるしておく。もちろんこの場合には、福音宣教には人力以上にその神力が加わるのだと、これまた余計なことだが書き加えておく。

この世代的断絶が、今日、如実の結果として現われているのが、いわゆる「ハイ・ティーンの家出現象」である。今日、田舎からハイ・ティーンが家出して、東京に住まっているというのが、大変な数にのぼっていると言われる。彼らの言うところを聞くと（NHKテレビ、一九六九年三月九日・スタジオ一〇二）、まず「田舎にいても希望がない」、「父母に話してもわからない」、「話し合いは駄目だから、自分で決断した」と言い、そしてその希望するところは、「歌手、ボクサー、俳優」等々と言っている。ここにいわれる「差異」または「断絶」が、彼らと父母との間にあることがはっきり示されている。そして彼らは、「両親がきかないから、自分で家出して、その結果によって両親に承知させる」という、いわゆる「結果によって、両親に認容させ、自己行動の正当性を納得させる」というのである。

ここまでは「新世代」が生まれ、そして成長してゆくままに、これをのべてきた。だがこの「新しさ」に真の価値を与えるものがなければならない。評論家のこの論理を用いる評論が、正しいと感じられ、説得力をもつのは、この論理に「価値観」が加えられるからである。ではこの価値観を生み出す条件はどんなものか？　ということが次に考えられる必要がある。その基本的条件は、この「新世代」が、その「過去」を「現在」によって、再解釈し、その過去の価値を現在的に再評価し、それを新世代の「養い」とすることにより、さらにそれによって「未来」を展望す立場となるということである。逆説的に言えば、過去を知らない者に現在はわからない、と言えないことはない。前述の、「時」を「直線的」に見るということは、現時点に立ちながら、しかも「後ろ向き」と「前え向き」との二つの見方をもたなければならないし、同時にそれによって「のみ」、その現時点が、真の意味において自覚的になってくると言わなければならない。ここでわれわれ老頭が、漢籍の素読を教わった値うちが出てくる。「温故知新《おんこちしん》」（古きをたずねて、新しきを知る）という表現は、過去の人々がその生活によって与えられた知恵である。ここまでくると、この古い表現の新しい意味が出てくる。

さて、ここまでくると、今の「新世代」が、そのままでは、その「新しさ」の真義が明らかにされず、さらに前述の価値観が加わらないと、その新しさが「没却」されてしまう。ゆえに新世代の人々は、これを学ぶのが真の教育によってであるということができる。この「教育による」ということは、どんな教育でもよいというのではない。その教育には、その教育にふさわしい教育者がなければならない。その教育者とは、前述の条件を具備した「人」でなければならないということになってくるのである。これが教会「外」に立つ「証し人」を、不可避的に規定する第二のもの、すなわち「世代性」の意義である。

三　教会「外」証言者の対世界的実践態度

上述のように見てくると、「では具体的にいうと、証し人たるわれわれは、この教会『外』世界と、その中の人々に対して、どんな態度をもって接したらよいのか？」という実践的な問いが、自己に対しても問うことになるし、お互いの間に於いても問い合わなければならない問題となってくる。

この点については、「証言者の『被造者的主体性』への要請」の項に抽象的にのべたが、そしてそれは主体性を保持するという目的のためにのべられたが、ここではその実践的または具体的な「対世界態度」として考えてゆきたいと思う。

最近月刊の『今日の教会』という新聞が、日本基督教団内の有志によって出され始めた。その創刊号に（一九六八年八月十九日）、一橋大学の教授で芝教会の長老たる田上穣治《たがみじょうじ》博士（1907 - 1991）が、この問題につき、次のように書いている。「教団の一部に最近、安保条約延長に反対し、また靖国神社の法制化の動きを警戒する意見がある。教職または信徒がこのような政治問題を検討することに異論をはさむ者ではないが、教団の外部、つまり我らと信仰を同じくしない国民の間に、政治運動を展開することについては、次の諸点を注意しなければならない。このような問題がキリストの信仰に反するということなのか、日本国憲法に反するということなのか、あるいはこの両者を同一と考えているのか、を明らかにする必要がある……もしわが国の政治の諸問題を、常にキリスト教の立場から判断決定することを要求するとすれば、それは政教分離を主張しながら、同時に自己の信仰と政治の一致を要求するものであって、明らかな矛盾である。民主政治の原則は、国民全体が宗教の相違を越えて、十分に話し合い、論議を尽くし、互いに納得づくで政治を決定すべきものであって、信仰によらなければ理解できない真理を、聖霊に導かれて相手方に理解させることなく、教会の外でこれを押しつけようとすることは許されないのである。コリント前書一・一八にあるように、十字架の言は、滅びゆくものには、愚かであり、その故に我らの信仰が重要な意向をもつ……要するに教会外の社会において、政治運動をするには、福音の宣教がつねに先行しなければならず、これを省略して当初から政治的スローガンをかかげることは誤りである」としるしている。この「信仰と民主政治」と題された一文中の前掲の言葉は、けだし今日の問題を直截に決定的にのべた言葉である。

この田上氏の言葉に、私は全く同感である。したがって福音の及んでいないところで、キリスト者のなしうることは、一に「証し人」として生きるということになるのである。

では「証し人」が、直接にキリスト教倫理を「生のまま」社会に適用させようとする態度は悪いと言うのならば、彼らは「教会外」の世界認識とそこにおける活動とをどうして為しうるのであろうか？　ということが、今のわれわれの重大な問題となってくる。ここで私は、一宗教哲学者の言葉と、一社会科学者の考えとを、引用しながら、これについてのべてゆこうと思う。

この宗教哲学者とは、前神学大学教授、現東京女子大学長である宮本武之助氏（1905 - 1997）である。彼によると、「然し人間社会の問題に対する宗教的生に特有な洞察と、科学的知識とが混同されることなく、区別されねばならない。宗教的生における人間の現実の社会問題に関する理論や実践も、科学的または政治的であろうとする以上、そのものとしては、宗教的ということはできないであろう。むしろそれらは、社会科学的に見て最も現実的な理論、また政治的に見て最も具体的な活動でなければならない」（『宗教的生の倫理』一九四九年、一〇三頁）と言われている。私はこの引用の中の「特有な洞察」という句を、「信仰」とおきかえたいと思う。それは、この著者自身も、必ずしも反対ではないだろうと考えている。

次のキリスト者である社会科学者とは、前にものべた現東京大学経済学部長隅谷《すみや》三喜男《みきお》教授（1916 - 2003）である。教授はまず「教会は社会の中で社会生活の諸問題に対し、どのように対処すべきか。教会の行動と教会員の行動とを、区別すべきこと、社会科学的知識を尊重すべきこと、等々一般的な在り方は次第に承認されてきているが、さて具体的に何をなすべきであるかは、未だ必ずしも明らかではなく、またこれを実践せしめる力も十分でない。しかしながら、終末の日における審きと希望とは、われわれをして今日の実践へと赴かしめずにはおかないであろう」と――注目すべき二つの点を明らかにしている（圏点本書著者、『日本社会とキリスト教』一九五九年三版、東京大学出版会、一一九―一二〇頁）。

この二つの点とは、一つは「教会の行動と教会員の行動との区別」であり、他は教会外の世界に関することについては、「社会科学的知識を尊重すべきこと」という点である。

隅谷教授はさらにつづけて、過去のキリスト教と日本との関係は、科学が日本に導入されたはじめ、キリスト教と科学とは、ほとんど同意義にみられるほどに結びついていた。ところが進展して来る近代科学に伴って、徐々に信仰に対する科学の攻撃が激しくなった。これがために信仰は、ひいては教会は、何らかの形で科学と妥協せざるをえなかったために、教会は、ひいてはキリスト者は、社会に対する鋭い批判を次第に喪失してしまった。そこにキリスト者の対社会態度が二つになった。その一つは、社会科学と信仰とを接近させ――例えば愛をもって社会関係の基礎とし――いわば「キリスト教的社会科学」を形成しようとする努力であり、他は、社会科学と信仰とを峻別し、両者の原理は全く異なるもので、両者が衝突するようなことはありえないし、したがって、科学はあくまで科学であり、信仰はあくまで信仰であると主張するようになった。全体的に見ると今日では、前者を支持する者は少数で、後者を支持する者は多数であるといっている。

隅谷教授はさらにつづいて、「前者の意味における——愛を社会関係の基礎とし、キリスト教的社会科学を形成しようとする者——キリスト教的社会科学は現実に存在しえない」と言っている。この表現において、「存在しえない」という断定は、われわれに対して重要な意味をもっている。というのは、日本だけのキリスト者社会科学者についてみても、そのもっている理論は「それぞれ異なるのであり……その間に何らの統一はないのである。ある者はマルクス主義理論をとり、ある者は近代経済理論により、他の者はマックス・ウェーバー（Max Weber, 1864 - 1920）を重視し、さらにある者はゴットル（Friedrich von Gottl-Ottlilienfeld, 1868 - 1958）の『生の経済学』によっている。社会科学者が科学としての社会科学を追求しようとする限り、キリスト者たると否とを問わず、科学的方法によらざるをえないのであり、その方法の異なるだけ、異なるキリスト者たる社会科学者の支持する社会科学が成立せざるをえないのである。その意味において『キリスト教的社会科学』というようなものは存在しないのである」と、この問題における困難を指摘している。

しかし隅谷教授はつづけて言う。「かくのごとき社会科学者間の『分裂』にもかかわらず、そこにはキリスト者として『共通の問題意識』があり、同様の問題を解決すべき『課題』として等しく負っていることに根ざすものであり、しかもこれは必ずしも社会科学者一般には、顕著な問題として意識されていないことである。それは端的に言うと、社会的活動をになう『人間』の問題である。近来の社会科学一般は人間の問題を捨象《しゃしょう》してしまっているが――と氏は言いながら――社会的人間象自体を前提してしまうことなく、これをまず分析しなければならないのではないか、とわれわれは考えるのである」と彼自身の学的立場を明言している。そしてさらに「われわれは社会科学としての科学性を厳守しながら、信仰と接触する『場』が問題であったのであるが、ここに異質的なものとして分離せられている信仰と経済とが接触する『場』が与えられることとなるのである。このような問題性を同じくすることによって、理論体系の対立にもかかわらず、キリスト者社会科学者の間には、かなり明確な問題意識の『統一』が存するといってよいであろう。……もちろんここにはニュアンスの相違があり……ともあれ、ここにキリスト者に共通に注目される社会科学研究の場が存するのである」と言い、さらに進んで「複雑な社会的現実の中からどんな要素を分析の対象として選び出すか、またそのいずれを基本的と考えるかについては、多くの見解が成立しうる。この間にあってキリスト者が、特定の問題をとりあげ、これを重要視することは、科学としての後退を意味するものではない。かえって社会科学の世界を拡大し、新しい照明を与えるものとして、積極的な寄与をなしうるであろう。とくに社会科学においては、人間像の問題は、社会科学のオリエンテーションにおける重要な出発点となるのだから、停滞的なアジア社会の究明と展開のためにも、基底的な意味をもつものであると考える」という意味のことを、積極的な提言としてしるしている（前掲書一六六―一六九頁）。

ここで前述の宮本氏の言っている言葉の中の「人間社会の問題に対する宗教的生に特有な洞察と科学的知識」という表現が、隅谷教授によって、その専門の学の立場から、さらに具体的にのべられているのだと思う。

この意味において「証し人」の教会「外」の生き方に対する、そしてそのおかれている「世界」に対する学的理論的の支持が、それぞれ専門家によって示されている。さらにこの意味において、この「世界」に対する「証し人」の態度として、直接的な、そして生のままのキリスト教倫理をもって、そこに強制しようとする努力があってはならない、と前述された主旨に対する説明が、十分に示されたと思う。これが私の言うキリスト教倫理の非強制的性格の意義である。

では進んで「日常生活」における、そしてその「職場」におけるこの「証し人」の生き方については、いかに考えられるべきであろうか？――ここで私は不思議なことを感じている。というのはこの隅谷教授とは十数年前たった一度面識があっただけだが、これらの問題について教授の言うところが、全く私の言わんとしていることと同じである、という一事である。そのことはその方面の専門家たる教授において、全くの素人たる私の意見が一致していることが見出されるということは、私にとって非常なはげましであり、そして刺激となった。これは多少私事にわたるが、私はなぜもっと早くこの人の著書を読んでおかなかったかという「悔む」心さえ、今起こっている。

では前述の問題すなわち「職場における証し人」は、いかに生くべきであろうか？　という問いに対して、教授の言うところを少し長過ぎるが次に引用しよう。教授はまずこのことに対し二つの考え方のあることをのべる。第一は「職業は職業、信仰は信仰という二元論である」。したがって「商売をやる以上はまがったことをしなければやっていけない、クリスチャンでも商売の世界で競争していくためには、まがったこともやむをえない」と考えるそれで、この埋め合せもあって、「日曜日には教会に忠実な信徒として出席するということになる。こういう生き方はサラリーマンの中にも、かなり見出されるであろう」とこの第一の生き方をのべている。

第二の生き方は、「職業と信仰を一元的に生きようとするものである」。換言すれば一方は職業生活をたくましく生き、信仰生活などにはくったくしないで、教会生活も信仰生活も慣習的となり、いつのまにか教会から遠ざかるという立場で、他は信仰生活に熱心で、教会には忠実だが職場のことにはあまり身がはいらない。そこではコツコツ仕事はするが、職場の要求に対しては行動力がないという型である。学校教師について「人はいいけれど、学問の方はさっぱりだ」というタイプのクリスチャンが、この立場から生まれる。

この二つの立場は、どちらも職場における「キリストの証し人」としては、不十分であるだけでなく、他の関係の人々に「つまづき」となる。第一の方は教会人に対して、第二の立場の方は職場の人々に対して。「こうした中途半端な生き方こそが、一方では信仰生活の世俗化をもたらし、他方では職業生活の無気力を結果している」ということになる。そこで教授は結論的に「だから職場の日常生活は信仰についてはむしろ無言劇であるべきだろう。その劇を通して、何ものかが語られ、周囲の人々がその意味するところに興味をもったとき、はじめて言葉が発せられることになって、言葉もまた意味をもつこととなるのである」と言い、「現実のただ中にありながら、現実を超越するのには、現実を洞察する目をもたなければならない……このように問題を先取りしていくことが出来れば、職場の大勢や社会の風潮に押し流されずに、自由に振舞うことが出来るようになる。自由のあるところには力も加わるであろう」と、この部分の論述を閉じている（圏点筆者、一五九—一六四頁）。

ここで特に教授の言う「無言劇」という語を、記憶していただきたいと思う。

こうなってくると、実はこの証し人としての「生き方」というものが、どんなにむずかしいものか、ということがわかってくる。この意味で、「証し人」であるということは、大きな責任と義務とを負わされていることになる。これを簡単に「証し人として生きればよい」という言葉で片づけることはできない。これを極度まで、そして一辺倒的にすすめたのが、今日の「政教一致」の立場だと思う。そしてこの社会的立場が、私にとれない理由は、前述のようにそれが「教会」の直接の宣教と同次元に見られている点である。そしてこの理由は本書第一部に既述した点によって明らかだと思うから、ここには再度くり返すことをしない。

四　教会「外」世界に立つ証言者の創造的批判性

教会「外」の世界に証し人が立つとき、その職域においては、「無言劇」的生き方をすべきだという、東大の隅谷三喜男教授の言葉を、その関係のところで引例して説明した（『現代日本とキリスト教』一九六二年、一六三頁）。しかしこれだけでは、読み方によっては、「消極的」に受けとられるかもしれない。そこでこの「生き方」のもつ積極性または「創造性」について、解明しなければならない。

(1)　平常時の証言者

この「無言劇」的生き方とは――この語の原使用者はこれを発展させてはいないが――証言者の証言者的生き方を比喩的にのべたもので、それがそれ自身として、たとえ「無言」であっても、決して自己充足的ではなく、自己超越的なそれである。すなわちそれは自己を超えた「あるもの」を指示し、または志向するものであることを、われわれは知らなければならない。実はこの指示性こそ——つまり彼自身を超えた者を志向しているということこそ、本来の聖書的証言の意義である。ここに積極性または創造性がそなえられているのである。

　ここで私はこの証言性を二つに分けてのべる。

　その第一は、「事のない日」における証し人の無言劇的生き方の場合について。すなわち彼のこの無言の生き方が——前述の信仰的主体的にして、かつ真剣にその義務を遂行しつつあるという場合、それは必然的に彼自身を超えた「あるもの」を指示している。私の部屋にダ・ヴィンチの「ヨハネの手」という名画（写真）のきわめて貧弱な複製がある。それはバプテスマのヨハネの上半身を生き生きと描き、その右手で斜め上方をさし示している絵である。ダ・ヴィンチは

これを「バプテスマのヨハネの像」と名づけないで、その「手」と名づけている。つまり彼の存在がその「手」によって全体的に表わされているものとされ、しかもその「手」自身もそれ自身充足的なものではなく、「彼方」を指さし、「視よ、これぞ世の罪を除く神の羔羊《こひつじ》」としるされている句の象徴的な絵画である。これこそ実に妙をきわめた証し人の証言の「指示性」または「志向性」を象徴したものである。

証し人の職域における生き方には、実はこれが求められるので――否、そう生きることであるのであって、それが前述の「無言劇」という象徴的表現を、私自身が受けとった意義である。

証し人のこの生き方は、その「無言なること」において、周囲の者を、端的に言うと、他者に対して「言葉なき問い」として問いかける、すると、その他者は、必ずそれに反応して、その側からこの証し人に対して、「言葉ある問い」を問いかけてくる。ここで巧まざる真の意味の「対話」が起こる。

この「対話」は、対話だけで留まるものではない。彼と周囲の人々とは、その在り方と生き方とが同一世界におり、同職域におるので、きわめて自然にかつおだやかなものとして起こらなければならない。すると次いでそれは必ず「対論」となってくるし、ならざるを得ない。当然先方はこちらに対する理解がないのだから、その「言葉ある問い」は、質問応答の形になってくる。そしてそれはどうしても、「対論」にまで発展する。くり返して言うがこの対論もきわめて自然にかつおだやかに話し合われるという対論でなければならない。こちら側に「教える態度」があったり、「説教的表現」があったりしてはブチこわしになる。

この意味の「対論」は、さらに進められて「対決」となってくる。そして先方の言うことが正しいか、こちらの言うことが正しいか、というような、正邪当否の論決ではなく、相互の全く相異なり、いずれが高いか分らないが、次元的差異という点にまで押し進められることになる。

　ここまでくると、相手の態度は明らかな三つに分かれてくる。ある者は「あなたの言うことは、筋道としてはよくわかった。私もこの違いがどこから来たかを進んで理解したい。あなたの話の規準となっているという、その聖書および教会についてよく聞きたいと思う」という、すすんだ究明的態度になってくる。しかし他の方は、相互の違いがわかった為に、「自己と違う」という為に、こちらを敵視するようになる。日本人の一部にはこういう性格の人が少なくない。そうするともう彼はこちらと話し合わなくなり、全く断絶の状態が生み出される。これは仕方がない。キリスト教の迫害というものは、ここから起こったことが歴史的にも非常に多い。

ところがそこには第三の態度がある。それはちょうどパウロを審判したアグリッパ王のように、「なんじ説くこと僅かにして我をキリステアンたらしめんと為《す》るか」（使徒言行録二六・二八）と言って、精神的驚異を感じ、それで話を打ち切りにし、そのままにしてしまうという人々である。つまりその証し人の語ることは、その人自身の理解においては、少なくとも「もっともだ」と受けとらざるをえない感じをもち、しかもそれによる結果を恐れるという類の人々で、日本人中にはこの型の「頭はあるが気が弱い」という種類の人々がかなりある。

　ここでこの証し人の大事なことは、強制的態度を絶対に避けるということである。これがあるともう証言ではなくなり、一つの説教になってしまう。その職域において彼の為すべきことは、どこまでも指示性をもつ証言者たることで、説教者たるべきことではない。説教者になれば、それはもはや彼の職域における在り方は、無言劇ではなくなってしまう。無言劇という象徴的表現は、私はこれをこの意味の証言者の生き方と在り方に対する、きわめて表現的な象徴だと受けとる。こうあってこそ初めて教会「外」世界に立つ証言者のその職域における在り方が強制によらない「創造的」在り方だということが出来る。

(2) 非常時の証言者

教会「外」世界に生きる証言者のもう一つの生き方は、「事のある日」におけるその表現である。この「事のある日」という意味はローマにおける皇帝礼拝の強制というような「非常時」の意味ではない。それはその国家にとり、その民族にとり、その社会にとって、断じて許されるべきでないという感じをもたせられる「事のある日」の意味である。例えば今日の靖国神社の問題などが、そのよい例である。すなわち信教の自由のおびやかされる時である。

この「日」には、もはや彼は単独に「生きるべきではない」。ここでもう一度われわれは「数は力なり」という句を思い出す必要がある。ことに今日の日本に於いては、この感が深い。今日は「数」がものをいう時代である。しかしこの句における、「数」と「力」との間には、一つの重要な語が欠けている。それは「組織」ということである。数が力となるためには、それは「組織された」ものでなければならない。烏合の衆ではどうにもならない。

そこで私はこの「組織された」という句の意義を、次に考えたい。「組織」という語は、必然的に統一ということが考えられ、統一が考えられると、さらに指導者という者の必要が起こってくる。もちろんこの語が強過ぎれば、それは「世話人」でもよし、また「委員長」でもいい。私はここで昔聞いた一つの表現を思い出す。欧州人、ことに米国人が数人集まると、そして何かしようとすると、そこに必ず「委員長」が選ばれる。しかし日本人はそういう場合にすぐに、「親分」または「ボス」をつくる、と言われた表現である。私はあらゆる場合においてこの表現が実に巧みに、日本人の弱点または欠点を表わしているように思う。

さて「組織」が出来て、そこに委員長または世話人が出来ると、そこには必ず小さい意味の「政治」が誕生する。ここに大きく言えば前述の「政治悪」が生まれる。およそ人間のつくり上げる組織で、この「悪」の生まれない例はないし、またありえない。

しかしそれにもかかわらず、私はどうしてもここで教会「外」に立つ証言者たちが、この意味の「組織」をつくることを願わざるをえない。今日、日本における時代の問題をどんなに叫んでみても、巨人でない限り、一人ではどうにもならない。そこにはどうしてもある意味の組織がつくられなければならないと思う。

しかしこの「組織の性格」に問題がある。プロテスタントには「政党」はつくられない、というのが今日のわれわれの間の常識である。それはわれわれ相互の政治社会経済に関する意見が、あまりにバラバラだからである。かつある種類の人々を除いては、一つのイデオロギーによって動くということが、信仰的に不可能だからである。もちろんドイツには「キリスト教民主同盟」(Christlich-Demokratische Union Deutschlands, 略称：CDU は一九四五年に結成されたドイツの中道右派政党) という政党が、存在し活躍している。残念ながら私にはこの政党に関する正しい知識がない。だがわが日本のプロテスタントの間においては、これは不可能なことだと思う。

しかしわれわれの前には、YMCA等々の「同盟」または「連合」というものがある。これは周知のことだから説明する必要はないが、こんな意味における「対時代的同盟」というようなものが結成されうる可能性はありうると思う。こう言えばもう私の言いたい意味は、諸者諸君によく理解していただけると思う。

この「同盟」または「連合」結成にあたり、まずそこで考えられなければならないことは、その中心的目的および直接の目標という一点である。それは一言で言えば、対時代的な「創造的批判」という点である。そしてそれは、神がこの人々個人個人およびその結成された「同盟」または「連合」において、その信仰的主体性を通して、時代全体に対する「批判」が当然もたれるべきであり、かつその証言が「批判」としてうけとられるべきであり、そしてそれは神により信仰によるものであるので、単なる破壊または否定というようなものではなく、「創造的」であるべきだという点である。この創造的というのは、「新たなるものが生み出される」ということで、これなくしては、証し人の集団が、教会「外」世界に生きるということの意味もないのだし、またそこに立つということの意味さえもないわけになる。つまりその「批判」は、「殺して生かす」という性格のものであるべきだという意味である。

ここで参考のために聖書的なことをのべておく。聖書ことに旧約聖書では、常に「視よ、われ新しきことを為さん」という神の言葉が何回もくり返されている。そしてそれは聖書の全救拯史《ぜんきゅうじょうし》を通して、くり返し――というと古いもののそれに聞こえるが、そうではなく、常に新しきものが生み出されつつ、その歴史的過程が進展されているのである。

もしこの「創造的批判」という中心的目的がなければ、または忘れられれば、上述の「同盟」または「連合」なるものは空中楼閣のようなもので、何らの存在理由のないものになってしまう。そしてそこにあるものは、「妥協」と「迎合」とのくり返しに過ぎないものになるであろう。

しかしこの「同盟」または「連合」については、考えるべき二つの点がある。その一つは問題の起こった時、急に造ろうといってそれができたとしても急ごしらえ的なもので、力が十分発揮されない。したがって、それは半恒久的に結成されていなければならない。だがそれは平時においても常に一般問題に対する正しい理解をもちうるために――ちょうどＹＭＣＡが少なくとも年一回御殿場で修養会をもつように、講習会的のものをもって、常に自らの神学的理論的の修養につとめ、それによって一切のイデオロギー的なものを排除する知識をそなえなければならない。

この「同盟」または「連合」に関する第二の必要な点は、「委員長」または「世話人」をつくるとしても、そこには必ずくり返して言うが、小さく低い意味において発生する「政治悪」に対する、極度の注意と警戒とが必要だという点である。この説明はすでに前にしたので、ここにくり返すことをしない。

こうみてくると教会の使命は福音宣教「のみ」であるが、以上のべて来たような、その教会それぞれの会員が教会「外」に生き、かつ立つことにより、ジグ・ザグにはなるが、対社会的責務を果たすことができるということが理解ねがえたと思う。

だがこの教会「外」に立つ証し人たちの「同盟」または「連合」が、その組織によって政治悪を生み出さないようにするには —— どうしても生み出されるとは思うが —— どうしたらよいか？　という問いが最後にのこる。ここにこれまでくり返してきた両者の —— 教会自身と教会「外」証言者たちの群れ —— 非連続・連続という弁証法的関係が —— 私はこの表現がきらいでたまらないが、これを用いずには意味が表現できないので —— もう一度思い起こされなければならない。教会「外」に立つ証し人たちは、その対社会的運動が、激しくなればなるほど、強くなればなるほど、それに正比例して、彼らが「教会の与える生命力」を受けることに努力し、自分自身がその信仰的主体性を保つべき力を、それによって与えられなければならないという一事である。周知のように、また私自身六十五年の信仰生活の間に直接見聞したところが示しているように、わが国ではキリスト者が社会活動に熱中すればするほど、教会から遠ざかるという歴史がある。これは今日たくさん出ているその方面の書物を見ればすぐわかる。これには教会側にも、外に立つキリスト者側にも、それぞれ責任がある。この点を今更ここにくり返す必要はない。ただここで一言くり返す言葉は、両者とも真にその誤謬を「悔い改め」るという一点である。これができれば、過去における悲しむべき歴史はくり返されないであろう。

こんなことを書くと、八五歳の老頭《おいがしら》が、しかも教職という狭い世界に生きてきた人間が、「わかりもしないのに、わかったような顔をする」と批判悪口されることは覚悟の上である。しかし本書全体を通読してくださる方々には、必ずしも、私がこう書いていることが、そして私がここに提唱している「政教に関する第三の立場」が、必ずしも「痴人の夢」ではないと理解してもらえると思う。

この証し人の挑戦的ならざる自己の信仰防衛的な「声なき声」が、意外な対世界的な効果を表わした実例として、「宗教を信じない権利」思想を生み出したことをのべよう。キリスト教会とその信徒とが、二千年にもわたった「宗教信仰の自由」のために、殉教の死をさえ忍んできたということが、はからずも「宗教を信じない自由」と「権利」を生み出したことは、殉教そのものが、一見消極的自己防衛のひびきをもつにもかかわらず、この反対の立場の「自由と権利」というものを、一般に考えさせ、かつそれを認容させたという点まで、積極的影響を与えたということには、私は驚きをさえ感じさせられる。ここに前述の「無言劇」のもつ志向性、または「声なき声」の力を感じざるをえない。エム・ソール・ベーツはその大著『信教の自由に関する研究』(海老沢亮訳、教文館、一九四五年)の中で、信教の自由の最も包括的な定義として、ウェーグルの規定をひいている。そこでは「神を信ぜず、宗教の価値を否定し、またそのように行動し、論議し、説得し、教育し、さらにこうした不信仰を同じくする人と共同する」権利をもふくませているのである。実際信教の自由に対する要求は、それが自己の信条以外の信仰、ひいては非宗教的世界観の自由をも支持し、容認することによって、初めて広く社会的な信憑性を獲得することができるであろう(宮田光雄『現代日本の民主主義』岩波新書、一九六九年)。

「たしかにキリスト教的自由と平等という宗教的観念が、世俗的秩序に転換されることによって、自由権の要求が、単に政治的なるものを超える力強さと、情熱とを獲得するに至ったことは否定しえないであろう。その後一八世紀において、信教の自由が、ついに自由な人権の一般的理念に合流するに至るまで、事実これら二つの傾向——二つの傾向とは、国教的一般的信仰要求とここにいう信教の自由権（筆者説明）——は部分的には平行し、またいくたの重要な点では互いに交差しあっている。しかし人権思想の法制定化に対する関心が、直接、信教の自由に対する関心に由来するということは言い過ぎのように思われる。もっともエリネック自身もそれ以上のことを言おうとしたのではないし、いわんや人権宣言に確立されたもろもろの理念が、ひとり信教の自由に対する要求からのみ生まれたなどという主張をしているのではないことに、注意しなければならない」（前掲書九二頁）。

この直前のエリネックからの引用の言葉は、その前々のべた「信教の自由と権利」のキリスト教による長い間の殉教と主張とが、その反対の「宗教を信じない自由と権利」の思想を生み出したということは、そしてそれがそれを生み出した多くの歴史的理由があったにしても、これが一つの重要な原動力であったということは、否定できないと思う。

この私の主張に対しては、一つの重要な見落してはならない理由があると思う。それは端的に言うと、教会がそして信仰者が、キリスト教を信ずる根拠と理由とは、決して合理主義的なものでもなければ、また理性的理由によるものでもない——もちろんそういった多くのキリスト教神学者があるにはあったが——教会とその信仰者が主張した一つの重要なことは、信仰は理論から出たものではなく、一に人間の内面に与えられた天的のひらめきまたは聖霊の導きによるといったことである。私はここで、日本の広く知られている一神学者で、ことにキリスト教教理史の大家として知られている有賀鉄太郎博士（元同志社大学教授、前京都大学教授、現神戸女学院長）の言葉を引用したい。彼はその『キリスト教思想における存在論の問題』という近著において（一九六九年、創文社、二〇一七年にCLAP社より復刊）、「ヘブライ的思考とギリシャ的思考とが、ある特定の結びつき方によって総合されて成立したものがキリスト教的思考である。両者の単なる結合がキリスト教を生んだのではない。……そうではなくして、まず何らかの形におけるキリスト教が現われて、その主体性の下にヘブライ的なものとギリシャ的なものが結びつくことによって、キリスト教が『思想』として、形成されていったと考えるべきであると私は思う。だが、それならばキリスト教が思想として形成される以前に、いかなる『形』において、存在しえたかということが、当然問題となってくる。それを、私は聖霊体験として特徴づけるのであるが、それは思想以前のものでありながら、思考をうながし、諸々の概念を招き入れ、また結合しつつ、新しい意味を盛る思想連関を生み出す原動力をもっている」（二二〇頁）と言っている。

ここに言われている「聖霊体験」を、キリスト教の原動力とするということは、前述した教会と信仰者が、キリスト教信仰の根拠は、理性的なものではなく、天的な「ひらめき」または「聖霊の導き」であると主張したことの教理史家による「一つ」の証拠であると思う。そうだとすれば、一般の理性的根拠しか持たない人々が、キリスト教ひいては教会の宣教を、受け容れないということは、きわめて当然であるという「考え方」を生み出したことは当然であり、またそれによって上述の「宗教を信じない自由と権利」なる思想にまで発展するということは、これまた当然すぎるほど当然だと言わなければならない。

一般歴史に現われていることとして、一つのテーゼが主張されると、そこに必ずその反テーゼが生まれるという事実が、実証されている。そしてこの場合、主張されたテーゼの理論が、その反テーゼに影響し、その反対の理論を生み出しているのである。白と言われれば黒ということが出来る。光と言われれば暗黒ということが言われる。

この意味でキリスト教会の主張した「信教の自由と権利」という思想が、「宗教を信じない自由と権利」思想を生み出した多くの原因の重要な一つであると、考えることはきわめて当然だと思われる。ただそれをもってこれの唯一の原因だとすることには、異論があることも当然であり、かつそれ以外の多くの原因が考えられなければならないということも当然である。

以上のべてきた、教会「外」世界におかれた「証言言」の一切が、「無言劇」であるとともに、それがその志向性とその影響とにおいて、「創造的批判」であり、「声なき声」だというのは、けだし上述の点を実例として見ることによって、明らかになってくると思う。言うまでもないが、「殉教」または「殉教の死」ということは、「人に見せよう」としてすることではなく、自己の信仰によって、信仰に及ぼしてくる外的政治的圧力に抗するという消極的な行為である。ところがその消極的なことが、いつしか積極的なこととなったという「無言劇」または「声なき声」が、見られ、さらに聞かれたということを意味する。

この「創造的批判」なる語は、それがこの世界的問題を、「恒久的」に解決するものだという誤解を生む危険がそこにある。そうではなくて、常にその時代時代に、「新しい解決」を生み出させるという「批判」の意味である。前述の聖霊体験によると言われたのも、この時代人の「新しい解決」を生み出す原動力となるという意味である。

五　教会「外」証言者の証言の時代的被制約性

――エルンスト・トレルチの「教会の社会的教義」――

ここで教会「外」の証言者の証言なるものは、どんな証言でも思想でも、要するにそれは「時代的」なもので、決して「恒久的」なものではなく、時代的「被制約性」を、になわせられたものだということを言う為に、ドイツの碩学《せきがく》エルンスト・トレルチの大著『キリスト教会（複数）とその諸集団の社会的教義』における、彼の結論中の言葉を聞きたいと思う（Ernst Troeltsch: *Die Soziallehren der Christlichen Kirche und Gruppen*, 1911）。この書からの引用について一言のべておく。残念ながら私はこの原書を――前にも数回のべたように、戦中戦後の生活のために――他の蔵書とともに売却してしまった。今ではしかし原書は高くて買えないし、そしてその英訳がHarper Torchbooks中の一冊として安く売り出されたから、次の引用はそれによることとする（*The Social Teaching of the Christian Churches*, 1960）。

この英訳書の緒論をニーバー（H. Richard Niebuhr, 1894 - 1962）が書いているが、そこにはきわめて簡潔に、トレルチの人物と学歴とこの書の評価とをしるしている。そこで彼は「疑いもなく、もしこの書が今日書かれたとすれば、その個々の部分については、いくらか違った形で書かれたであろう」と言っている。だがそれにもかかわらず彼はこの書を推賞し、非常に高く評価している。私個人としては、トレルチの他の書によって、どれだけ多くのものを得たかわからないほどである。それについてはここにはのべないが、『渡辺善太全集』ことにその第六巻「聖書解釈論」(ヨベル新書版、著作選第5巻参照。現在編集中)中にのべている。

さて、トレルチは本書の結論を二三頁にわたってのべている(九九一―一〇一三頁)。そこにトレルチはその結論として、われわれは、総括的歴史的意義と影響とをもつ社会哲学の二つの大きい主要な型のみがあったことをみてきた。

その第一は中世紀カトリックの社会哲学である――それは家族・組合および階級の上に建設された中世カトリックのそれである――それはさらに次の諸点を結合しうるものであった――その諸点とは、生存競争への相対的依存と――権威と敬虔とに対する人格的関係の上に立てられた、すべてのものの交友関係と――さらに内面的に言えば、前資本主義時代の比較的単純な経済的様式および需要と、ある古代家族の運命にふくまれた、あるいは地域との結合にふくまれていた諸条件における連帯性からの遺存物――生活の教会的組織内の個人的および世界的愛の友好関係のもつ人格的価値なるキリスト教的エトス――等との結びつきに立脚している中世的カトリックの社会哲学である。

第二は禁欲的プロテスタンティズムの社会哲学である――これは自由教会と敬虔主義との見方によって色づけられた、カルヴィニズムのある種のものから発展したものであり――さらに、教会とほとんど絶縁してしまった禁欲的教派から出たものであり――さらにこれは現代ユニテリアン主義および合理主義に内面的に関係し――個人の使命に対する忠誠とその使命のために働くことの光栄――および社会的集団の個人的に、そしてすべてを支配せんとする理念のもつ自由と関係したものだが――しかしそれにもかかわらず、それは次の諸点によって、現代生活のもつ倫理的に危険な結果を、いかにして中和すべきかを知っている社会哲学なのである――この「次の諸点」とは、奢侈《しゃし》（度を過ぎてぜいたくなこと。身分不相応に金を費やすこと。）・拝金主義および悦楽愛に対する「禁止《タブウ》」を通し――個人の責任感と――個人的集団的愛の使命感という宗教的理念を通し――そして最後に世界全体におけるキリストのために奉仕することの英雄主義等であって、くり返して言うがこれらによって、前述の近代生活の倫理的に危険な結果を「中和する」ことが出来る社会哲学である――ああクタビレタ、こんなことは本書の著書の一番つらい点である。

トレルチはさらにこの結論に、上述の二つの型をのべたのち、次のようにのべている。上にのべたような二つの主たる型と並んで、発展された他のキリスト教社会的理想は、多くの社会的現実に対してほとんど印象を与え得なかった。この社会的現実という「巌《いわお》」に対して、彼らはこれらの理論を投げかけているが、それは今日ほとんど何らの効果を表わすこともできない。

上述の二つの主要な型も、それぞれカトリックのそれも、プロテスタントのそれも、ほとんど今日ではその力が尽きてしまったように見えると、言っている。

これらの状況を考えながら、われわれの研究はすべてのキリスト教的社会労作が、全く問題的(悪い意味における)状況にあるという結論に導かれる。そしてそれらは、それらが直面している課題に対しては、全く無力であるという他はない、としるしている。

彼はつづけて言う。もし現在の社会的状況が、キリスト教的原理によって支配されるとすれば、そこには今まで考えられたことのない原則が必要であると思われるし、そしてそれは往年における社会的状況の古い様式と需要に対したように、今日のこの新しい状況に対応しうるようなものでなければならない。こうなってくると、これらの古い考えが、それらが主張された日におけるキリスト教思想から生み出されたように、上述の必要な理念というものが、単に新約聖書からだけでなく、今日におけるキリスト教思想の内部的刺激とその生きた表現から生み出されなければならないと思う。だがそれすらも、よしそれが創造され、表現されたとしても、それぞれの時代における新しいそれらの味わったような運命に出会わなければならないだろう。だがさらに、それはまた吾人の今日の地上の努力と奮闘の範囲内におけるその具体的理想的な意図を決して実現することはできないだろう。だからわれわれの発見を待っているような、社会的キリスト教倫理というようなものはどこにもない。だからさらにわれわれの為しうることは、前述のこれまでの種々のキリスト教倫理が転移しつつあった方面で、世界状況を統制することを学んだようにする他はない。これが人間をして、前進させる不断の緊張の動因であるし、しかも人間がその倫理的理想を決して実現できないという感覚を与えることである。そんなわけで、いろいろな驚異的な底無き穴が、ようよう閉じられると見るや否や、すぐにもう一つの新しく、そしてあらゆるものを呑み込もうとする「淵」が口を開くのである。

したがって以上のすべてのことを考えて、その結論を求めるとすれば、それは真に「われらの内なる神の国」という以外にはない。すべての人類の究極的結末は、「彼（神）の聖手のうちに隠されている」のである。

私はこのトレルチの「われらの内なる神の国（the Kingdom of God is within us）こそ真理である」という言葉を、前述の有賀博士の「聖霊体験」という語で、入れ替えても、両著者とも、格別私を叱ると思われない。

このトレルチの五十年前の研究の結論は、それ自身私は正しいと思う。だが「正しいと思う」ではあきらめきれない。どうしても今日の私共は、これに対して、何らか新しい――古いもののむし返しではあろうが――発言をこれに対してしなければならないと信ずる。これが私の本書の主張としてのべている「政教関係の第三の立場」である。

終わりに当たってもう一度、くどくなるが次のことをくり返しておきたい。
教会の中心使命は福音宣教であることに変わりはないが、しかし教会「外」のキリスト者すなわち証し人の生き方は、そのおかれた職域において忠実に「証し人」として生きる以外にはない。従来通俗的にわれわれの耳に入れられた、「職域で忠実に働くことは、その雇い主ひいては会社、さらに資本主義を強化することになるから、怠業的（労働者が仕事の能率を意識的に下げる行為。）に働くのが正しい」という表現の問題性である。なるほどこの言葉の意味はよくわかる。だがこれは「証し人」の論理ではありえない。

およそわれわれが一つの職域ひいては企業または会社に就職するとき、われわれはその勤めに忠実であることを、「契約」したわけである。したがってそこにとどまる限り――その他どんな所へ転職しても――この契約には変わりはない。だからそこで怠業的に過ごすということは、経済的な契約違反という罪になる。

しかしこの契約による責任は、われわれが所与の賃金では生活できなくなったような場合、それを更新する交渉を、その雇い主にしてはいけない、ということを意味してはいない。だがこのとき、交渉相手の雇い主または企業側は、「資本」の力という背景をもって、われわれに迫ってくる。そしてわれわれに向かって、「イヤならやめろ」という力をもっている。そうとすればわれわれの側でも、その会社または企業の全「被雇用者」を糾合して、いわゆるストライキをする、ということはわれわれの生存権の一部であるし、信仰と矛盾するものではない。
だから日常において、その企業におけるわれわれの忠誠な勤務は、絶対にゆるめてはいけない。それこそ「証し人」の正しい態度である。しかし証し人でも「飯を食わなければ生きてはいけない」。そのときこのストライキをするという権利と態度とは、当然この証し人においても許されることであるのみでなく、――きわめて当然な権利の行使であると言わなければならない。一言で言えば「職域においては誠実に」、対雇い主交渉においては「団体的に勇敢に」という態度が証し人の正しい態度だと思われる。神の国未実現の今日、上述の言葉は、われわれの生き方に対する正しい言葉であると思われる。

だがここで一言のべておきたいことは、そのストライキが、その企業に何の関係もない一般大衆に、必然的に困難または迷惑を与える場合には、考える必要があるのは言うまでもない。しかしこんなことは専門家が細かく論ずることで、私のような素人が言う必要はない。

次にさらに具体的に教会「外」の証し人の「証しの仕方」について、一言くり返しておきたい。それは教会の使命は福音宣教であるとともに、それは恒久的または永久的使信である――もちろんそれが時代に対して語るのだから、時代的にその表現および対抗面が、変えられるのは言うまでもない。だがその「変えられる」ことは、本質変更であったり、不純物混入であったりしてはならないことも言うまでもない。

これに対する「証し人」の証言は、時代に生き、転移する生きた社会に対してされるものだから、「時代的」であって、「恒久的」ではない。いわばそれはジグザグ・コースをたどって進むものである。すなわちここで前述の「風見《かざみ》」が役立つのである。

私はここで、この下から見られたこの問題の捉え方、すなわち「時代的」なそれと、上から下へと見られたこの問題の「恒久的」なそれとの差異を、もう一度くり返す必要を感じさせられる。

以上のべたトレルチの結論では「真理とは――これこそあらゆることの結論であるが――我らの内なる神の国である。しかしわれわれは、われわれの光を人々の前に自信と不退的精進において輝かさなければならない。彼らすなわち人々がわれわれの善き行動を見ることができ、天に在すわれらの父を讃美しえんがためである。すべての人類の究極的目標は、大文字の彼の聖手のうちに隠されている」と言っている。しかし五十年前のこの言葉では、この通りにはちがいないが、しかしこれから一歩先んずることができないだろうかと感じさせられる。

この一歩前進がジグとザグによって、きわめて適切に表現されているように私は感じている。このジグもザグも、それぞれの時代的信仰による進展を示すもので、しかもそれは恒久的目標からすれば、多少ずつその方向が違っている。しかし違いつつ、ジグザグに進みつつ、逆風を受けながら、その目標に究極的に向かっている。だがここに注意すべきことは、われわれがジグザグに進む時においては、そのジグの時も、ザグの時も、われわれ自身は、「信仰的判断による正しさ」を保持しつつ進んでいると感じさせられていることである。その時われわれは、自己のおかれている職域において――卓越とまで言えなくとも、少なくとも、誠実に、しかも勤勉に、われわれの勤労を尽くし、かつその任務を果たしながら、しかもそれこそ、信仰の証しであると自覚しているわけである。だからこのジグとザグにおいて、進みながら、自分では、自己の教会の伝えてくれる純粋な福音的方向とは、多少かけ離れているし、またあまりに実践的である点において、異なっていることを感じさせられる。しかしそれ以外には実践の道はないということをも、実際に自覚させられている。これが教会の牧師と教会「外」に立つときのその会員との別だと思う。しかしこの「別」は、本質的な区別ではなく、またそうであってはならないが、その「別」によって、自分がまちがっていると誤認したりしてはならない。前述したことが、キリスト者として、また証し人として為すべきことを考えるとき、この「別」の神学的理論的意義を忘れて、「私も牧師のするように伝道しなければならない」という誤った考えに陥ってはならないのである。

要するに教会の牧師は、第一義的に言えば、逆風も、波浪も見ないで、真一文字に目標地に向けて進もうとする。ちょうどペテロ（ペトロ）が彼方に主イエスを見たとき、「我に来れ」と言われて、一歩踏み出したが、足下の波浪の激しさを見て、沈もうとしたことがしるされているが（マタイ一四・二二以下、マルコ六・四五以下）、牧師たる者はそうであってはならない。ヘブル書（ヘブライ人への手紙一二・二）の著者が「信仰の導師《みちびきて》、また之を全ふする者なるイエスを仰ぎ見るべし」と言っているように――この「仰ぎ見る」の原語は、「種々のものから目を放ち、あるものに注ぐ」という意味である。これこそ教会牧師のとるべき態度だと思う。もちろん証し人も、この教えから除外されるものではない。しかし証し人は日々夜々、その職域において、その一切の社会的環境において、前述の「海上を歩かんとして」つい、足下の波浪も見て沈もうとしたように、この波浪は彼の知るところではあるが、それによって、目標たるイエスを見失い、それによって波浪に気をとられてしまうというのでは、私がここに言わんとする実践の意義が失われてしまう。むしろ彼はその波浪の、自己にとって踏みやすいところを踏みながら、彼方に立ちたもうイエスに近づいていくのでなければならないと思う。

結論

ここで私は本書にのべてきた要点を一応まとめる必要を感ずる。

第一部においては、日本の教会に現存する「教会派」と「社会派」との対立に対し、第三の立場としての私の「教会観」をのべ、そこにそれに対するパウロの「ローマ市民」としての立場をとったことをのべ、パウロの二つの全く相異なった――見方によっては断絶している立場がしるされていることをのべ、そしてそれを上述の問題に対して、いかに理解すべきかをのべた。さらに進んで、それこそ上述の相反する両派のいずれにも属さない「第三の立場」たることを論述した。しかし、この問題はそれだけでは片づかない。その第三の立場が必然的に示しているパウロの「ローマ帝国市民」タルソのサウロとしてのそれは、必然的に、教会「外」における証言者の立場となるべきであることを論じた。

この教会「外」に立つ証言者は、そこでいかに生きるべきであろうか？　という多くの質問が寄せられたので、いくらかでも責任上これに答えることを努めた。

第二部においては、まず教会「外」世界の「政治悪と国家悪」を、第一部における宇宙悪および人間を頽落させた悪の根源たる「悪霊観の発達」に対応させるためにのべた。そしてそれに挑戦する教会「外」証言者の在り方を、それが全く自由な状態におかれているのではなく、そこには「不可避的規定」のあることを——聖書的規定と自然的制約——のべ、そしてこれら証言者の証言に関する諸側面を論じた。最後に、教会「外」証言者の証言が、教会「内」の宣教のように「恒久性」と「決定性」をもつものでなく、どこまでもそれは「時代性」をもち、恒久的結論を出しうるものでないことを、エルンスト・トレルチの論述によって示そうとした。

以上が本書の第一部および第二部の要点である。これをもって結論とする。

【付録】

聖書正典に現われた「革命」とその結果

――「非常時」におけるキリスト者の教会「外」の生き方――

最近欧米の刊行物、ことに定期のそれらにはしばしば「革命」という語が現われている。これは今日世界において「現体制」が行きづまって、これに対する不満と不平の感情が盛り上がってきた結果として、発生してきた状況であり、用語である。しかもこれらの中には、神学者の論文中にも現われていることと、それとともに、少なくとも聖書に立脚していると思われるこれらの人々が、この語を用いていることにおどろかされる。さらにおどろかされることは、諸種の世界的キリスト教会議において、「革命神学」という語についての講演がどうどうと行なわれつつあることである。

私が五二、三年前学んだことのある米国の Pacific School of Religion の夏期講習会（一九六八年）のブレテンに、そこでの講演者の一人チェコ生まれで、現在ユニオン神学校の客員教授となっているロックマン（Lochman）博士が、「革命神学」という題の連続講演をすることが発表されている。これなどは最もよい実例である。

この現象に刺激されて、これらの神学者らの用語を手がかりとして、聖書を見ると、そこには実に驚嘆されるほど、この「革命」またはこれと同系の事実がしるされていることを見出す。この現代のそれと古代のそれとを比較して見ると、そこには前述の現体制に対する反抗という一点があり、同時にそこに共通の危機感というものがあることに気づかせられる。

ここに私の言う「政教関係の第三の立場」における「教会外」の世界において、キリスト者が

「生きていくべき道」に対する示唆がある。すなわち前項においてわれわれは、「平常時」におけるそれを考察してきたが、本項においては「非常時」におけるそれを考えてみる。すなわち信仰者といえども、自己の信仰とその所信に明らかな危険がおそいかかる時は、「黙ってはいない」ということがここに示されている。しかしこの「黙ってはいない」ということが、彼らをして、いかなる態度をとらせたかということが、同時に問われる。

聖書中にはこの種のことが多くしるされていると言ったが、それはどんなふうにしるされているのかを、次に本題の「革命」についての記録を見る前に、のべよう。

まず気づくことは、イスラエルがその民族形成の時と機会とを与えられた「出エジプト」のときである。これは言うまでもなく、エジプトの王による圧迫に耐えかねて、奴隷的状態におかれていたイスラエルが、指導者モーセにより、その圧迫から「脱出した」ことで、「出エジプト記」という書物は、この「脱出」の記録である。ゆえに聖書はまずこの「脱出」をもって、その一切の政治史を始めているということが出来る。しかもその圧迫の状況を実に感動的にしるし、かつこれによって脱出が神的必然によって起こったものであることが示されている。この記録(二・二三―二五)は、わずか三節のうちに「神」という語を五回もくり返してしるしていることに気づかせられる。

国王との交渉において第一回にモーセは、「イスラエルの神ヤーウェかくいいたまふ、我民を去らしめ、彼等をして荒野に於て我を祭ることをえせしめよ」（五・一）という要求をつきつけた。モーセは始めから終わりまで、前述のようにこの要求を弱めず、かつ変更もしなかった。そして王がこれに反抗するごとに、諸種の災いをその国に与えた。

このために王の出した第一の妥協案は、「余りに遠くは行くべからず」（八・二八）というのであり、第二のそれは「汝ら男子のみ往きてヤーウェに事《つかへ》よ」（一〇・一一）というのであり、第三のそれは「ただなんじらの羊と牛を留めおくべし」（一〇・二四）ということであった。

これらの妥協案が提出されたにもかかわらず、モーセは全く譲歩せず、ついにパロに打ち勝って、全イスラエルをその家畜とともに脱出せしめ、紅海を渡り、ついにエジプト人からはなれ、荒野に至り、さらにシナイ・ホレブに至り、神との契約に入り、ここにイスラエルの選民としての選びが実現されるまでに至ったのであった。

次にカナン占拠後の「士師」時代を見ると、それは現代風の表現をすれば「レジスタンス」の連続とも言われうるほどの時代であった。すなわちイスラエルが王制前に近傍諸強族から受けた圧迫に対して、イスラエルが屈服しなかった時代で、その時代に部族毎に輩出した有力な指導者によって、指導されたのであり、この「士師」とは、これら部族ごとの指導者に与えられた呼称である。これらのレジスタンスを記録したのが、現存の「士師記」である。このレジスタンスの記録の中でとくに目立っているのは、その指導者ギデオンの物語である（士師記六―八章）。彼は最初から指導者的自覚をもって立った者ではなく、圧迫者ミデアン族を恐れて、ひそかにその農事に没頭していたのだが、これに神の使いが現われ、「剛勇丈夫《ますらお》よ、ヤーウェ、汝とともにいます」と呼びかけられ、はじめて自己のなすべきことと、能力とに目ざまされ、さらにこれに対する神の召命の証拠を示されんことを祈り、立ち上がる勇気を得て、このレジスタンスの指導者となった。しかも彼は彼に従う闘士の選択にきわめて慎重であり、きわめて巧妙な方法を用い、遂に敵を倒すことができた。この勝ちいくさの結果、二つのことが注意させられる。一つは同胞の彼の勝ちいくさに対する嫉妬からする不当な抗議であり（八・一―三　次頁に本文）、他方は彼が引退するというとき、民衆が彼に「汝と汝の子および汝の孫我らを治めよ」と求めたことであった。およそ世界の歴史に現われた大指導者にして、この誘惑に打ち勝ち得た者は稀であることを私どもは学んでいる。

エフライムの人々はギデオンに、「あなたはミディアンとの戦いに行くとき、わたしたちを呼ばなかったが、それはどういうことか」と言って、激しく彼を責めた。ギデオンは答えた。「あなたたちと比べて、わたしが特に何をしたというのか。エフライムに残ったぶどうは、アビエゼルが取ったぶどうよりも良かったではないか。神はミディアンの将軍オレブとゼエブをあなたたちの手に、お渡しになったのだ。あなたたちと比べて、わたしに特に何ができた

というのか。」彼がこう語ったので、彼らの憤りは和らいだ。（士師記八・一―三）

ただ一つ私が忘れ得ないことは、アメリカ合衆国の最初の指導者ワシントンのことでその米国独立の大業をなし終えたのち彼が引退したという一事である。この時ギデオンは、「我汝らを治むることをせじ、また我が子も汝らを治むべからず、ヤーウェ汝らを治めたまふべし」と、決然といい放ち、自ら引退した。だがその引退記念として民衆からうけた黄金により宗教的象徴を造ったことが、彼の犯した唯一の誤りであった（八・二二―二七）。

次に国家の「分離」という事実を見よう。イスラエルを国家として形成し、これを建設したダビデが死に、その子ソロモンがたち、その許に神殿と王宮の建築その他の土木工事のため、民衆に無償労働が課せられたが、それがあまり苛酷であったため、ソロモンの子レハベアムの即位とともに、イスラエルの北部十族がその団体の代表者たるヤラベアムによって、その一切の圧制を中止することを求めた。しかしこの交渉は決裂したため、ついに北部諸部族はソロモンと彼のユダ族とから分離し、そこに北王国イスラエルを建設したのであった。これは単なる抵抗やレジスタンスではなく、実に民族的または国家的「分離」であったのである。これにはもちろんソロモンが異邦の婦人をその後宮に入れ、彼らのもたらしたそれぞれの神々を、ヤーウェ礼拝と並べて礼拝したという信仰的な大問題もあったが、しかしこれはヤラベアムのレジスタンスの原因とはなっていなかったようである（列王記上一一・一―一三、一一・二六以下、一二・一―一九）。

ここで事を明瞭にするため、この一文の目標をのべておく。それは北王国においては「革命」が行なわれ、そしてその政治的生命が短かったのに、南王国においては、それが起こらず、そして、その政治的生命が長かったのは「なぜか？」という点をのべるということである。そこにはもちろん国土の地域的位置と、それによる外交関係という原因があったが、しかし今日の旧約聖書は、これだけを原因と見てはいない。この一文の目標はこの旧約聖書の指摘している原因を見ようとする一点にある。これは南北を比較することによって初めて明らかになる。

第一　旧約聖書における北王国イスラエルのクーデターと革命

国家分裂の指導者ヤラベアム（ヤロブアム）は、前述のギデオンの場合と異なり、分離とともにその王となった（列王記上一二・二〇）。この北王国はその分離から（前九三三年頃）滅亡まで（前七二二年）約二百年の間に王朝を代えること九回、その王を代えること十九人、そのすべてがクーデターまたは革命によってみたされている。そしてその王朝の期間は、わずか七日（第三王朝）

または一カ月(第六王朝)であった。これによってもそのクーデターの激しさが想像できる。しかしこれらのクーデターについては、今これをのべることはできない。

ただちに「革命」の事実——しかもきわめて残虐なそれについてのべよう。その革命は第四王朝二代の王アハブに始まり、その子および孫ヨラム王のときなしとげられた(前八七五—八四二年)。革命としてはかなり長い間継続的に計画されたものであった。次にその原因と結果とをのべておこう。

この革命の「原因」には、二、三の点が考えられる。まずその「遠因」であり、そしてその原動力であったものが、預言者の刺激によって起こったという点で——この預言は紀元前第九世紀の大預言者エリヤに始まり(列王記上一九・一五—一七)、その弟子エリシャによって継続されている(列王記下九・一—三)。このエリヤの言葉はその神ヤーウェの命令によったもので、そこにはただに「エヒウに膏を注ぎてイスラエル王となせ」ということだけでなく、「隣国スリアの王として、ハザエルを立てよ」という点を含み、しかもこれを継続する預言者として、「彼の弟子エリシャを預言者となせ」という点を含んでいる。言うまでもなくこれは革命者としてエヒウを立てるのみならず、イスラエルの現体制を弱めるため隣国スリアの王となるハザエルによって、それを外側から弱める力たらしめることを意味し、そしてこの革命がかなり長く計画すべき必要のあるため、この預言の継続者としてエリシャを立てることが意味されていた。この革命がなぜこんなに長くかかったかというと、それには理由があった。エリヤの弾劾《だんがい》の言葉を聞いて、アハブが一度は悔い改めたからであった(列王記上二一・二七―二九)。しかしその子および孫となっても、その虐政が少しも是正されなかったために、この革命がついに強行されたのであった。

この預言者エリヤがこの態度をとらざるをえなかったイスラエルの第四王朝の現状については、次のごとくしるされている。

「ユダの王アサの第三十八年にオムリの子アハブ、イスラエルの王となれり。オムリの子アハブ、サマリアに於て二十二年イスラエルに王たりき。オムリの子アハブは其先《そのさき》にありし凡《すべ》ての者よりも多くヤーウェの目の前に悪を為せり。彼はネバテの子ヤラベアム(王国分離者)の罪を行ふ事《こと》を軽き事《こと》となせしが、シドン(スリアの都市)人の王エテバアルの女イゼベルを妻《めと》に娶り、往きてバアルに事《つか》へ、之を拝めり。彼其のサマリアに建たるバアルの家の中にバアルのために壇を築けり。アハブまたアシラ像を作れり。アハブは其先《そのさき》にありしイスラエルの諸《すべて》の王よりも甚だしくイスラエルの神ヤーウェの怒りを激《おこ》すことを為せり」(列王記上一六・二九―三三)。

次にその「近因」としては、上掲の引用文中にあるように、第一にフェニキアの神バアル礼拝を導入し、その神殿をつくり、この異神をヤーウェと並べて礼拝したという「信仰的背反」という点に見出される。これはしかし、アハブがヤーウェを棄てたという意味ではない。当時イスラエルにおいては、このバアルと同系の異神ではあったが、しかしカナン的性格をもっていたバアルを、地方的礼拝所（崇丘）で礼拝していた。だがこれはヤーウェを選民イスラエルの神とし、バアルを私的地方的礼拝の対象としていたわけであった。だがこのアハブの行なったことは、ヤーウェおよびバアルを併立し、二神礼拝を同次元において礼拝したという点にその信仰的背反が見られたのであった。それはいわゆるモーセの十戒に「汝我が面《かお》の前に我の外何物をも神とすべからず」（出エジプト記二〇・三）という中心的戒めにもとることであった。おそらくこれがエリヤをして憤激させた最大の原因であったであろう。

第二の「近因」は、アハブが父ゆずりの外交政策をとり、隣接異邦との交わりにより、その国の選民性を没却したことにあった。これはしかし歴史的に見ればやむをえないことであった。北王国の国土は、南にユダ王国をもち、西北から東北にかけてフェニキア、スリアおよび両河間の強国アッスリアをひかえていたため、どうしても富国強兵の政策をとらざるをえなかった。ツロの王女との結婚もその政策の現われであった。しかしこれはヤーウェの選民たる自覚においてたっていたイスラエル民族にとっては —— たとえこれが後のアモスの預言に見られるように民族至上主義的になっていたとはいえ、許容できない態度であった。これがその選民性を代表していた預言者エリヤおよびエリシャを刺激したのであった。

第三の「近因」そしてその直接原因でもあったものは、選民たるイスラエルに対する圧迫ひいてはその虐政であった。これはきわめて具体的に現われている。すなわち「ナボテの葡萄園掠奪」である。アハブのエズレルにおける宮殿に隣接したところに、その市民ナボテの葡萄園があった。アハブはこれを最初甘言をもって、他のよき地と交換せんことを求めたが、ナボテが「我が父祖の産業を汝に与ふることは決《きわめ》て為すべからず、ヤーウェ禁じ給ふ」と、その交換に応じなかった。そこで妻イゼベルがアハブに策を授け、偽りの証し人を立て、「ナボテ神を詛ひたり」と証言させ、民衆をしてナボテを石殺させ、ついにその葡萄園をうばった（列王記上二一・一―一六）。前述のエリヤの弾劾はこの時に起こったので、「ヤーウェかく言ふ、汝は殺しまた取りたるや」（同一九節）という鋭い言葉によって語られたのであった。これがこの革命の直接の原因となったのであった。

この革命そのものは、実に残虐をきわめたものであった。まず預言者エリシャがその徒の一人を遣わし、当時軍中にあったアハブの孫たりしヨラム王の旗下の将軍エヒウに「ヤーウェかく言いたまふ、我汝に膏《あぶら》をそそぎてイスラエルの王となす」と言わせ、そして彼の首に油をそそがせた。その結果将軍エヒウはまずヨラム王を殺し、ついでアハブの妻イゼベルをその住居の窓から投げ出し、その死体の上を馬で踏み通り、さらにサマリヤにあったアハブの子七十人の首を、サマリヤ市民に命令して切らせ、これをエズレルで町の入口に「二た山に積」ませたのであった（列王記下九・一―一〇・一四）。この革命の記録中最も残虐をきわめたのは、このイゼベルの終わりのそれである（同九・三〇―三七）。

ところがこの革命が、神意から出たものであるということは、単に預言者エリヤおよびエリシャによって導かれたものであったのみならず、「原始的ヤーウェ礼拝者」と言われているレカブの子ヨナダブの協力によって行なわれたことによっても示されている（列王記下一〇・一五―一七）。この「レカブ」というのは部族の名で、彼らははるか後に至ってもその砂漠時代の――ヤーウェ礼拝の原始時代――風習をそのまま墨守《ぼくしゅ》していた、「後ろ向き」の部族であった。これはさかのぼると「ケニ人の一族」で、さらにミデアン族の一部であった。つまりモーセの妻チッポラおよびその父エテロの部族であった（出エジプト二・二一、一八・五―一二）。

この革命の結果はしかし預言者たちおよびレカブ族の予期に反したものであった。革命者エヒウは革命完遂後、偶像礼拝を継続し、彼自身の政治的野心をみたすことに、終始したのであった（列王記下一〇・二九―三一）。つまり北王国歴代の王たちの野心追求という一点から、少しも離脱せず、その例にならったのであった。

これらのことの結果北王国イスラエルは結局、紀元前七二二年アッスリアの為に滅ぼされ、その住民の指導者たちは、征服者の国に移され、その移されたあとに征服者の国の賤民が、反対に移住させられた。その結果としてそこに混血民族が発生し、新約時代における「サマリヤ人」の源となり、ついにユダヤ人とも交際しなかったというような、選民の系列から全く離れたものとなったのであった（ヨハネ四・九）。それのみならず後のユダヤ歴史家から「ヤーウェはイスラエル人すなはちエフライムの子孫とは、偕《とも》にいまさざるなり」（歴代志下二五・七）と宣言されるまでになったのであった。

ここで、私は、もう一度、前述の問いをくり返しておく。「なぜ北王国イスラエルが、このような運命をたどったのに、南王国ユダにおいては革命も起こらず、その滅亡後においても教会的国家として、被征服国家としてではあったが、その命脈を保ちえたのであろうか？　さらに歴史的に言えば、その裔からキリスト教を生み出しえたのであろうか？」という問いがそれである。そしてこの問いに答えようとするのがこの一文の目的にほかならない。

ここでこの問いに対する旧約的回答を、一点に集中して答える必要がある。それはいわゆる第二イザヤ中に見出される「苦難の僕」の詩の意義である（イザヤ書四二・一―四、四九・一―六、五〇・四―九、五二・一三―五三・一二等）。これはふつう教会においては、そして新約聖書においては、イエスをメシヤとして預言したものと解されてきた。しかるに不思議なことにはユダヤ学者の間においては、メシヤ預言として解されたことはなかったと言われている――もちろんいかなる断定に対しても反対説は現われるものであるが、この点についてのそれはほとんど学的権威は認められていない。歴史的立場からの旧約学徒たちの間においては、「理想的イスラエル」またはイザヤその他の預言に現われている「遺餘者《のこれるもの》」――頽落したイスラエル中における真のヤーウェ信仰と選民的自覚をもちつづけたもの、と解されてきた。前述の「南王国はなぜ存続しえたか?」という問いに対する結論的答えが、この詩の現わしている「僕《しもべ》」の姿において、そしてその姿を理想として生み出した選民信仰が、たとえその中の一部においてでも、ここには存続していたという一点において与えられる。

(1) 南王国ユダの無血革命で存続した理由

南王国ユダはその友邦北王国イスラエルの滅亡(前七二二年)を見たのち、一三六年間「無血革命」で存続した。そしてそれ自身政治的独立を失って後(前五八六年)、いわゆる「教会的国家」として、被征服国としてではあるが、キリスト教を生み出すまで――歴史的に見る限り――存続した。さらにその後紀元一三五年いわゆるバル・コクバの「大反乱」による郷土からの追放を経て、今日まで一八〇〇年間「故郷なき流浪の民」として民族的に存続し、そして遂に周知のように、今日の「イスラエル共和国」を、その故地に建設するまでになった。本項においては、その歴史的跡づけによって――聖書の示すその原理由を追求しようと思う。

これには動かすことのできない自然的地理的条件のあったことを、まず確認しておかなければならない。この国土は南に強国エジプトを、北に隣邦北王国イスラエルを、東にヨルダン東部の地を隔てて、砂漠地帯をひかえていた。したがって北王国が、直接に西北東にフェニキア、スリアおよび両河間の強国をひかえていたのとは、地理的により安全な位置におかれていた。さらに北王国の諸王と比較して、決して善政を行なった王のみがあったのではない。例えばその第十四代マナセ王の場合を見ると（列王記下二〇・二一―二一・一八）偶像礼拝を――ヤーウェの神殿地域に偶像への祭壇を築くなどして――「マナセが人々を誘《いざな》ひて悪をなせしことは、ヤーウェがイスラエルの子孫の前に滅したまひし国々の人々よりも甚だしかりき」（同二一・九）としるされたほどであった。そしてユダ王国の滅びたのは、マナセの悪業に対する神の怒りが、その原因となっているとさえ言われている（同二三・二六）。

しかしここでさらに前述の問いが問われる。かくして滅びたユダ族ひいてはユダヤ民族が、なぜ？　いかにして？　生きのびたのであろうか？　ということである。もちろん聖書はことに旧約聖書は歴史を、「史実的」にしるした書物ではない。むしろそれぞれの史家としての著者が、史実に立って、それを信仰的神学的に再解釈した「史観」をしるしたものである。その意味ではそれは歴史ならざる歴史であると言わなければならない。だがその「歴史ならざる歴史」が、後のユダヤ民族存続の、そしてキリスト教を生み出させたのである。いわば「死んでも生命あらしめた」動因となっているのである。だとすれば、歴史的に見ても、われわれはこの「歴史ならざる歴史」による跡づけによって、上にくり返した「問い」に対する答えを見出そうとするのが、きわめて理論的にも正しと言わなければならない。

この問いに対する答えを結論的に言うと、それは、上述のような悪王があったにもかかわらず、そして民衆もこれに同調したかに見える場合が、多かったにもかかわらず、ここには多くの預言者が連続して起こり「ヤーウェとイスラエルとの関係」、ことに「選民性」に対する再解釈がくり返して力説され、民族の中心的基盤がそれによって保たれたのみならず、更新された、という一事にあるということができる。のみならずこの預言者の言葉が語られただけでなく、それが実践された場合がかなり多く、時としてはこれが民族全体によって行なわれたのであったことがそこにつけ加えられた。

この意味において次に預言者の「選民性再解釈」と、その「実践」との実例として、亡国前におけるそれとしては、イザヤのそれ、「実践」の例としては申命記改革をのべ、亡国後のユダヤ人を復興させるそれとしては、エゼキエルおよびいわゆる第二イザヤの言葉をのべよう。

まずイザヤの預言を見る。彼は紀元前第八世紀後半初頭に預言した。その召命に当たって（六章）、彼はすでに彼の国ユダが強国の手によって滅ぼされ、略奪されることを、神の言葉として聞かされた（六・九以下）。したがって彼は彼自身の預言が彼の一生の間に実現されるものとは思わなかった。その覚悟を予表するものとして、その二人の子に、一人は「シェアル・ヤシューブ」（遺餘者《のこれるもの》還りきたらん）、他の一人には「マヘル・シャラル・ハシ・バズ」（餌食・急ぐ・略奪・速し）と名づけた。そしてその預言を書きしるし、後に同胞が自己の預言を理解するときのために用意した（七・三、八・三、一六―一八）。彼の預言はイスラエルの選民性の力説（一・二―九）、神とイスラエルの関係（五・一―七）、および選民としてその在り方、すなわち神に絶対的に依存し（七・四―九）、周囲の強国との連絡強化等の政策によるべからずと教えた（三一・一以下）。このイザヤおよびいわゆる捕囚前書物預言者の預言は、きわめて巧みな実践的宗教改革を行なうべき運動として現われ、その具体的指示としての「申命記律法書」が神殿において発見され、その結果として、時の第十六代のヨシア王によって大宗教改革が行なわれた（列王記下二二・三―二三・二五）。これは彼に先行し、そしてイザヤの預言の忠実なる実行者たりし第十三代ヒゼキヤ王の宗教改革より、より広くより強力に行なわれたのであった（同一八・一―八）。これは一に具体的な指示書である申命記の有無によって起こった差であったであろう。

　しかし南王国ユダは、イザヤが予見したように、新興バビロンによって遂に滅ぼされた（前五八六年）。その結果その大多数の民の指導者たちはバビロンの地に捕囚として移された（同二四・一〇―二五・二一）。しかしここで先行した諸預言者の言葉が、その効果を表わし、捕囚地にあった人々は、自己の父祖たちの罪を知り、同時に亡国をもたらす原因となった自分たちの罪責を深く感じさせられた。かくして古い信仰伝承と律法断片とを編纂し、その悔い改めの「結果」がいかにあるべきかを学ぶ手がかりとした。ここでしかし彼らを強くうったのは、その罪の大いなることで、どうしても神の前にその「赦し」を願う勇気がなかった――少なくともこれは指導者たちの間における具体的な感じだった(哀歌三・一八、四三―四四等)。

これに対して力強い信仰の言葉を語ったのがエゼキエルだった。彼はその同胞の罪の大きさを知り、その回復の望みなきまでの頽落状態を感得したが、「骨の谷」の異象によって「枯骨」もなお全能の神によって生かさるべきことを教えられた(エゼキエル書三七・一―一四)◇。しかしその恵みは彼らの価値によるにあらず、ただ一に「神の聖き名」のためにのみ行なわれることで、それによってイスラエルの回復もなしとげられる、ということを教えられた(同三六・二二―三二)。この「聖き名のために」ということは、神が彼らを赦し、かつ回復なしたもうということに対するただ一つの「究極的」よりどころで、この他の一切のことはもはや頼りにならないということの教えであった。ここにしかしイスラエルは亡国におけるその「復興」と「立ち上がり」の信仰的根拠のないことを教えられたのであった。

この復興に、具体的で、多少「情感」を加えて訴えたのが、いわゆる「第二イザヤ」(イザヤ書四〇章以下)の預言であった。この預言者こそ真の意味で、「復興の預言者」と呼ばるべきである。彼はイスラエルの使命に対する民族の新しい覚悟を求め、その「召しと使命」の再認識を求め、かつ力説した（同四三章）。同時にイスラエルの召し出された「始めの」ことを想起させ、そこに感謝を呼び起こすことにより、この力説点への飛躍板としたのであった（同五一・一―三）。このために彼は、ペルシャのクロスさえも、神の聖なる目的のためであるとともに、イスラエルの「釈放者」として召したもうたことと、同時に「汝我を知らずといえど、我名を汝に賜ひたり……汝我を知らずといへども、我汝を固《かと》うせん」と言い、全世界の政治もまたイスラエルを「召し給ひしもの」の御手のうちにあることを語り、世界におけるイスラエルの選民としての位置の自覚を励ましたのであった（イザヤ書四五・一―七、四一・一以下等）。

このエゼキエルと第二イザヤの預言が復興イスラエルの選民自覚の基調となった。これによってその後イスラエルの信仰が祭司的となり、さらに律法的になった時代においても、その真の性格を喪失させないようにしたことが感じられる。

ここで私は次の問いに、南北両国の比較をしながら、考えながら、答えようと思う。

なぜ北王国は革命をしながら、立ち直ることができず、滅びてしまい、かつ、そのあとさえもなくなったのであろうか？　なぜ南王国は、その王たちが全部善政をしいたのでもなかったし、また民衆も全部がヤーウェに忠実であったのでもなかったのに、存続しえたのであろうか？　ここでもう一度前述した問いをくり返すことを許してもらいたい。北王国の「革命」は――その個々のクーデターは別としても――神により、預言者によって指示されたもので、イスラエルの信仰的危機にあたって、「なされなければならなかった」ことであった。だが上述の問いに対する答えは、この革命の「結果」において見られる。すなわちそこには今日言われている「国家悪」の個人的具現があったのである。革命者エヒウ（イエフ）はその革命を成就したのち、自己の野心実現の機会とし、預言者によって指示されたという事実を忘却し、その事実の含蓄を実現しようとしなかった。この点において旧約聖書は、この革命なるものの「恐ろしさ」と、それが「国家悪」の自己実現の場所となることを示している。

反対に南王国においては、この点がとくに預言者によって注意されたのみならず、その選民性がくり返しくり返し、力説された。一つの危険に対して反対の警告がくり返されることは、その「毒消し」になる。このために預言者たちは、周囲から軽視され、時としては迫害にもめげず、それをくり返す勇気をもっていた。その毒消しの実例は、その国家悪具現者となろうとしたサウルの場合において顕著にみられる（サムエル記上一二・一―二三）。北王国においてはアモスおよびホセア両預言者が出たが、その強い預言にもかかわらず、クーデターを行なったものの後継者たちに対するその力が、あまり及ばなかったためであるように思われる。

旧約聖書の最後の――南王国のユダの一歴史家（歴代志の著者）は、「ヤーウェはイスラエル人すなはちエフライム（北王国の人々）の子孫とは偕にいまさざるなり」（下二五・七）と断定した。これは一般に同書二十章二十―二十三節を書いた歴史家の「祭司的礼拝主義」的断定だと言われるが、上述の北王国の革命史を知る者には、そうとばかりは言えない。否、正しい歴史的判断だとさえ考えられる。

北王国の滅亡後、南王国は一世紀半弱存続したが（前七二二―五八六年）、その後は教会的国家として存続し、キリスト教を生み出して後――歴史的に言えば、その後紀元一三五年まで故郷にありえたのに、バル・コクバの大反乱を起こした結果、ついにローマのために全く滅ぼされ、その郷土を追われ、故郷なき流浪の民として、今世紀中葉まで、その民族的存在を続けてきたのであった。しかも、このバル・コクバの大反乱は、旧約聖書中に雅歌を編入することに最も力のあった、そして当時の民族の大指導者ラビ・アキバの支援によったものであったが、これは直接神の聖旨によったものではなかった――らしく――遂に悲惨な運命になった。これこそ前述の武力による革命が、やはり真の信仰的態度でないということを、「示したものではないか」ということの示唆があると思う。

（２）キリスト教分離後のユダヤの革命

キリスト教と袂別したユダヤは、二回の大革命を遂行し、二回とも大失敗に終わった。

その一つは紀元七〇年の反乱で、このときはエルサレムが陥し入れられただけでなく、その神殿も焼かれてしまった。そしてその結果は実に悲惨きわまるものであった。だがその時陥ったエルサレム城内から、死者の棺に入って脱出したラビ・ヨハナン・ベン・ザッカイが、戦後その他のラビたちと地中海沿岸の小村ヤブネ（ヤムニア）に集まり、旧約正典の第三部「諸冊」（諸書とも言われる「詩編／ヨブ記／箴言／ルツ記／雅歌／コヘレトの言葉／哀歌／エステル記／ダニエル書／エズラ記／ネヘミヤ記／歴代誌」）を結集した。これでユダヤ民族の宗教的命脈がやっとつづけられることが出来た。

第二回の大反乱は、紀元一三五年のいわゆる「バル・コクバ」の反乱であった。この名は「星の子」の意味で（民数記二四・一七）、これはメシヤによる大革命で、この名を名のったバル・コクバ自身がメシヤとして仰がれ、その主導者であった。これには当時有名なラビだったアキバも、信仰的に参加し、彼はこの為にローマ軍に捕えられ、拷問の結果死にいたったのであった。この敗軍の結果は前回同様きわめて悲惨なもので、何万というユダヤ人が奴隷として外国に売りとばされた。さらにその結果は、ユダヤ人にこの本土から退去すべき命令が出されて、彼らはこれ以来「故国なき漂泊民」となり、一九四八年にテル・アビブにその共和国を建設するまで、その流浪の旅をつづけたのであった。

結局北王国は革命とクーデターによって、その国力を費やし、ついにアッスリアのために滅ぼされた。南王国はキリスト教と分離するまで、紀元前五八六年の新バビロンによる滅亡を経験して後も、その宗教によって、準国家的独立を——属国としてではあったが——つづけることができた。だがキリスト教と分離してのちは、前述のような、悲惨な国家的悲運を味わなければならなかった。

第二　新約聖書におけるキリスト教の革命的性格

キリスト教は「革命的」信仰である。しかしそれは暴力による流血の革命ではない。もし「力」という語を用いるとすれば、「霊力」または「信力」によるそれである。かなり古く革命家カール・カウツキー（Karl Johann Kautsky, 1854 - 1938）が『キリスト教の起源』（Karl Kautsky: *Ursprung des Christentums*, 1908『キリスト教の起源――歴史的研究』栗原佑訳、法政大学出版局、一九七五年）という書を著わし、キリスト教の起源を歴史的唯物論の方法によって明らかにしようとした。すなわち原始キリスト教は共産主義的生活態度におけるプロレタリア的革命的運動として起こったとした。これは一つの歴史的研究として書かれたもので、資料の範囲をせばめて、現形新約聖書のみからみても、こう思わせる表現はかなり多く見出せる。

しかしこれは二つのこれを限定する言葉によって、その原始キリスト教の性格が規定されなければならない。その一つはこの霊的革命は、革命にはちがいないが、その相手が主として、選民ユダヤ人であり、その宗教たるユダヤ教であったということ。これにはしかし注釈が必要である。というのは、ユダヤに対してはイエスの宗教は、字義どおりの革命であったが、異邦民族の間においては、それは単にそれぞれの民族の生活の一部分たる「宗教」と呼ばるべき部分に対してのみ、それが言われうるという点である。

この前半、すなわちユダヤに対しては、イエスの宗教が、真の意味の革命をもたらすものであったという点の理解が、ここではきわめて重要である。当時のユダヤは、紀元前五八六年、国が新バビロニアによって滅ぼされて以来、ペルシャ時代、マケドニア時代およびイエス当時のローマ時代まで、言うまでもなくこれらの諸異邦によって統治された属国でしかなかった。そしてその属国であるということにおいて、ユダヤの内政一切は、「信仰」(ユダヤ教)によってその隅々まで統治されていた。もちろんローマ時代におけるように「七十人議会」のごとき、表面は政治的であるが、内面はその一切が宗教的なるものによって浸透させられている議会によって指導されていた——例えば使徒言行録五章三四節以下に示されたように。ゆえにこれは国家的教会または教会的国家と言ってもよい組織体であった。だからイエスの宗教が、この民族生活全体を支配しているユダヤ教そのものの全面的顛覆をもたらすものである場合に、それが字義通り「革命」と言われるべき教えであったことは、多言を費やさずして明らかである。これがためにイエスに対し、またその弟子たちに対し、その時代のユダヤの権威者たちが、反発したのは当然であるとともに、彼らを迫害したことはきわめて自然のことであった。イエスの弟子のステパノ（ステファノ）が議会で話してのち、外に連れ出された上、石で打ち殺されたことは、なさるべきことがなされたと言わなければならない（使徒言行録七章）。

しかし世界の他の諸国間においては——歴史的にまた民族的に多少の差違はあったが、イエスの宗教の影響は全生活の一部分に変化を来すのみで、その全体に影響を及ぼすというようなことはなかったと言ってよい。もちろん異邦諸民族の間においても、一時的には宗教がその民族全体を支配したことがあったが、しかしそれはキリスト教自身による支配だったから、どんなに新しく激しいそれが宣教されたとしても、その全体に影響を及ぼすというようなことはなく、その一部分の改革のみに終わったのである。ローマの場合などのように、その君主がキリスト教を利用して国全体を支配するようになったということはあっても、前述のユダヤ国におけるような場合はかつてなかったと言ってよい。

ゆえにキリスト教を「革命の宗教」と呼ぶ場合、われわれはこの差違を十分に念頭において考えないと大きい誤りにおちいる。

さて、しかしイエスの宗教そのものは革命ではあっても、異邦のそれのごときではなく、全く前述のように信的のそれであり、霊力のそれで、暴力に全くよらないものだということ。それは周知の「なんじの剣をもとに収めよ、すべて剣をとる者は剣にて亡ぶるなり」という言葉と、その捕われる時の態度とにおいて、イエスが示した言動によって明らかにされる（マタイ二六・五二、ヨハネ一八・一一）。この二つの点を記憶におきながら、次に新約聖書中から、この原始キリスト教の「革命的性格」を示す多くの言葉を見ていこう。

（1）イエスの「革命」指示的表現

イエスの「革命」指示的表現としては、その宣教の第一声たる「時は満てり、神の国は近づけり、汝ら悔い改めて福音を信ぜよ」という言葉があげられる（マルコ一・一五）。この「時」は、「熟時」の意味で、人間に対しては「危機」であることを示す語である。この時点が危機的であったことは、バプテスマのヨハネが現われ、イエスに先行して、悔い改めのバプテスマを施したことによっても示されている。この「とき」こそカウツキーのいわゆる「革命の熟時」であったわけである。イエスのこの言葉こそ、彼の宣教の諸言であるだけでなく、その内容を総括し、一点にしぼった表現である。この言葉からわれわれは、この主題たる「神の国」のユダヤ教との関係、ひいては、選民ユダヤ民族に対する彼の態度、およびその神の国そのものの「内容」がいかなるものとしてのべられているかを、問うべき刺激をうける。

この諸点については、イエスがその革命の「相手」としたユダヤ教ひいては選民ユダヤ民族に対する態度を、直接にぶっつけた「ようにしるされた」マタイ福音書について見ることを便宜とする。それが新約聖書を結集した人々の見方でもある。

まず第一に、マタイ福音書においては、このイエスの革命態度は、その「山上の垂訓」と呼ばれている部分に現われている（五―七章）。

そこで注意すべき言葉は「いにしへの人に……といへる事あるを汝ら聞けり、されど我は汝らに告ぐ」（あなたがたも聞いているとおり、昔の人は『……』と命じられている。しかし、わたしは言っておく。）という語を、二回もくり返し、そしてそれによって「モーセ律法」すなわちユダヤ教および選民がその一切の信仰の根拠としている「律法」が、今や第二のモーセまたは新しきモーセともいうべきイエスによって置き換えられることをのべ、それによってモーセの教えがもはやその効力の終わりを告げ、この新しき時代の宣言者イエスによって「その座」をゆずるべきことがのべられている。

さらにこの二つの注意すべき表現の間に「律法」中の重要な言葉を引用し「『姦淫するなかれ』といへることあるを汝らきけり」または「『目には目を、歯には歯を』といへることあるを汝ら聞けり」と言い、前のごとく「されど我は汝らに告ぐ」と、その古きものがこの新しきものによって、明白に、時代的置換をしたことが宣言されている。

この「第二のモーセ」が「第一のモーセ」を置換し、「その座」に坐すということは何を意味しているか？　それは「われ律法または預言者を毀《こぼ》つために来れりと思ふな。毀たんとて来らず、かへって成就せんためなり」（マタイ五・一七「わたしが来たのは律法や預言者を廃止するためだ、と思ってはならない。廃止するためではなく、完成するためである。」）と説明している。これは古き律法が無意味であるとか、または無価値であるというのではない。それはそれとして、「古き時代」にはその意義と価値とをもっていた。しかし今や――「時は満てり」といわれた「熟時」となっては、それは不十分であり、かつその有効の限界にきたことを意味する。「ゆえに」ここに「成就せんため」という語が用いられている。これは、未完のものが完全にされる、空虚なものが満たされる、容器がその中身をもつようになる、の意味である。だから選民はそれと知らなかったが、「第一のモーセ」は、この「第二のモーセ」を、「古き律法」は「新しき律法」の出現と宣言とを待っていたことを示している。

　この基底的な考えによって、この山上の垂訓中にのべられている種々のことは、この宣言の敷《ふ》衍《えん》であり、解明であり、ことにこの民らの間における具体的にして、かつそれが誤用されてきた点の是正にまで及んでいる（マタイ五・四三―六・四、六・一六―一八等）。

　ここでさらに前述の基底的宣言を明らかにする言葉が語られている。「イエス群衆を見て、山にのぼり、坐《ざ》し給ふ」（マタイ五・一）と言われている。これは「第一のモーセ」が、シナイ・ホレブ「山」において、その神与の律法を民に告知したのに対して、この「第二のモーセ」が、この新しき「山」において新しき宣言をすることの象徴的意味をもっている。ここにはもう完全に「古き律法」が支配している世界に対する、「新しき律法」の支配が来るということの、「革命的宣言」――神国マニフェストとして語られているのがみられる。

しかしイエスはこの「革命的宣言」が、古い律法に生まれ、その中で育ち、それによって導かれてきた人々に「安らかに、喜んで」迎えられるとは考えなかった。「われ地に平和を投ぜんために来れりと思ふな。平和にあらず、反って剣を投ぜん為に来れり。それが我が来れるは人をその父より、娘をその母より、嫁をその姑《しゅうとめ》より分たん為なり。人の仇はその家の者なるべし。我よりも父または母を愛する者は、我に相応《ふさわ》しからず、我よりも息子または娘を愛する者は、我に相応しからず」（マタイ一〇・三四―三七「わたしが来たのは地上に平和をもたらすためだ、と思ってはならない。平和ではなく、剣をもたらすために来たのだ。わたしは敵対させるために来たからである。人をその父に、娘を母に、嫁をしゅうとめに。こうして、自分の家族の者が敵となる。わたしよりも父や母を愛する者は、わたしにふさわしくない。わたしよりも息子や娘を愛する者も、わたしにふさわしくない。」）と、その宣言に対する反応を予告している。この意味において、この「第二のモーセ」を信じ、この「新しき律法」を奉ずる者は、必ず苦難を味わうべきことを、「おのが十字架をとりて我に従はぬ者は、我れに相応からず」といい、そしてその十字架による「死」をさける者は、あべこべにそれを失う者となる、とはこの一コマの終句となっている（マタイ一〇・三八、三九「自分の十字架を担ってわたしに従わない者は、わたしにふさわしくない。」）。ここにはもうこの宣言の革命的結果が、惹起すべき苦難の叙述において明瞭に予告されている。

この「革命的宣言」とその態度とが、いかに古い人々に理解が困難であったかを示すこととして、イエスの来ることを紹介した「バプテスマのヨハネ」でさえも、彼を理解しえなかったことによって示されている。このヨハネが牢獄につながれたとき、その弟子たちをイエスにつかわして、「来るべき者は汝なるか、あるいは他に待つべきか」（マタイ一一・三）とたずねさせた。これは牢獄でイエスの言動を伝聞し、それがあまりに「革命的」であることによって、ヨハネのうちに、真剣な疑惑が生じたためである。「真剣な」とは、イエスを紹介した彼にすらも、イエスに先行してバプテスマを行なった彼にすらも、イエスがわからなかったことを明らかにしている。だからイエスはこの時の答えに、「我に躓かぬ者は幸福なり」と言ったのである。そしてさらにヨハネについて、「誠に汝らに告ぐ、女の生みたる者のうち、バプテスマのヨハネより大いなる者は起らざりき。されど天国（神の国）にて小さき者も、彼よりは大いなり」（マタイ一一・一一）とヨハネ個人についてというより、古き時代の「限界」を示すものとして、かつその「終わり」を、彼自身とその疑惑とによって示すものとしてのべたのである。

この「革命的宣言」に対する、古い人々の躓きは、しかし常にこのようなやわらかい反応だけではなかった。それはパリサイおよびサドカイの両党派の人々によって、ある時は「真剣な質疑」として、ある時は「揚足取り的問いかけ」として現われた。共観福音書全体に、このことは顕著に現われている。そしてそれは、教義的質問として、道徳的実践の問題の問いとして問われている。これは一応律法専門家的な人々の反発として、イエスの宣言に対する反応を示すものとして、興味がある。

ではその「革命的宣言」の対象としての「神の国」または「天国」の「内容」として彼はどんなことを教えたか、ということが次の問いとなる。

それはまずその中の民の「性格」として、「幼児」のごとくであるという点がくり返して力説されている（マタイ一八・一—五、一九・一三—一五等）。この「幼児」という用語は、まず「前提なく、その見えるものを見る」ということ、「詭弁をもって相手の本質を歪曲せんとする意図のない」こと、ということは、相手の言うことを「素直に受け入れる」ということなどで、その性質を示している。言うまでもなくこれは古い人間には、「洗脳」された上、それがその全存在に浸透しなければ持ちえない性質である。

次にはこの神の国の住民は、その一切の行動の評価の規準を、人間におかず、神においている、ということである。「人間に」というのは、その環境の評価、または今の「世」のそれによってしないということ、換言すれば神の国的規準とでもいうべきそれによって生き、かつその在り方を自ら決定するということである。このことは山上の垂訓中に、「これ人の汝らが善き行為を見て、天にいます汝らの父を崇めん為なり」（マタイ五・一六）という言葉や、「然らずば、天に在す汝らの父より報ひを得じ」（同六・一）という言葉や、「然らば隠れたるに見給ふ汝の父は報ひ給はん」（同六・四）、という言葉などによってよく示されている。ことにこの終わりの言葉の中の「隠れたるに見給ふ汝らの父」という表現は、われわれの特別な注意に値いする。この言葉には救拯史的な深い意味が含まれている。「古い時代」ことにイスラエル選民の独立していた時代には神は「顕わに」自らを預言者または神の人を介して顕わしたもうた。だがイスラエルが頽落してその選民的の独立を失ったときから、神は「隠れたる神」となりたもうた。このイスラエルから隠れたもうたという過程は、エゼキエル書に現われている。まず「時にヤーウェの栄光家《みや》の閾《しきみ》より出でゆきて」（一〇・一八「主の栄光は神殿の敷居の上から出て、ケルビムの上にとどまった」）とあり、次に「ヤーウェの栄光つひに邑《まち》の中よりのぼりて、邑の東の山に立てり」（一一・二三「主の栄光は都の中から昇り、都の東にある山の上にとどまった。」）と、神がエルサレムに、自己を「顕わ」には現わしたまわぬようになった、その段階を象徴的に示している。この意味でイザヤ書後半には、「イスラエルの神よ、まことに汝はかくれています神なり」（四五・一五「まことにあなたは御自分を隠される神」）と言われ、また詩編には「自らを永へに隠し給ふ」（八九・四六〔四七〕）とも言われている。イエスの言った「隠れたるに見給ふ父」とはこの意味の神をさしたのである。

このことは確かにこの世に住むキリスト者にとって困難なことである。どうしてもわれわれは——必ずしもイエス当時のユダヤ人だけではなく、また今日の欧米のキリスト者だけではなく、現世的なるものを、洗脳によってまずわれわれの中枢的なるものを変革され、そしてそれがわれわれの全存在に浸透しない限り、なかなか日常生活で、これを不断の言動の「評価規準」とすることはむずかしい。

このことを実に象徴的にしるしているのが、地上に再臨したもうたキリストが、そこでその時生きていた者を審判したまい、その行為を評価なしたもうたという記述においてよく示されている（マタイ二五・三一―四六）。この評価の規準、すなわちそこで「叱られた者」と「賞められた者」たちが、何を規準として、その差別ができたかということが、この記事のポイントである。キリストはこの時地上生活で、彼らが「キリストに対し」いかなる態度をとったか、という問いを発し、その叱られた者はこれに対して「詛はれたる者よ、我を離れて悪魔とその使らとのために備へられたる永久の火に入れ。汝ら我が飢えしときに食はせず、渇きし時に飲ませず、……」と言いたもうた。これに対して彼らは「主よ、いつ、汝の飢え、あるいは渇き、あるいは旅人、あるいは裸、あるいは病み、あるいは獄《ひとや》に在りしを見て事《つか》へざりし」という質問を発した。キリストはこれに対し、「これらのいと小さき者の一人に為さざりしは、すなはち我になさざりしなり」と答えたもうた。つまりこの一群の「叱られた者たち」は、意識的にまたは作為的に、そうやったのであったが――やらなかったのではなかったが――それがこの審きのポイントになったのであった。ところが「賞められた」一群の者たちは、「お前たちはそうしてくれた」と言われたのに、彼らはこれを全く意識せず、「何時そうしましたか？」と不思議にさえ感じてキリストに質問した。ところがキリストは「我が兄弟なるこれらのいと小さき者の一人に為したるは、すなはち我れに為したるなり」と答えかつ指摘したもうた。

この審判の重点は、「いと小さき者」に対して愛の行為を、双方ともしたことにおいては同じであった。つまりその実践においては両者とも同様であった。だがである、その内面的または意識的の面において、一方はそれをそれとして、自分はよいことをするのだ、という意識をもってこれをしたが、他方は全然そんな意識はなく行なった、というのである。このわかりきったような点を、今ここで私がなぜこんなにくり返すのかというと、これが普通この記事を読む人に、正しく読まれず、かつ受け取られていないからである。

ということは、神の国の住民たるべき者は、此岸において生きるときも、その此岸的な規準に生きず、彼岸的な規準で生きなければならないということである。だがここで此岸的または彼岸的というのは、生きている間と死んださきというのではなく、神の国実現「前」と「後」とを意味している。ここに山上の垂訓でのべたように、「隠れたるに見給う汝の父」という語が、意味したことが、この象徴的な評価によって示されているわけである。

これはむずかしいことである。われわれは今日「使命感」に生きるといい、そのことに於いて「わが規準」をつくり「わが歓び」を感じ、そしてそれから脱線したものを、時には意識的に、時には無意識的に軽蔑の感じをもつ。これは此岸に生きる以上仕方がないと思う。しかしこの「われが」に問題があるわけである。イエスがあるとき語った「僕《しもべ》のつとめ」が全うされた時、「僕、命ぜられし事を為したればとて、主人これに謝すべきか。斯くのごとく汝らも命ぜられし事を、ことごとく為したる時、『われらは無益なる僕なり、為すべき事を為したるのみ』と言へ」と教えた（ルカ一七・五―一〇）。今、私はここを書きながら、鞭でうたれたように反省させられている。今の私にはこの点が全然できていないということ、ことに「私は自分の使命を完徹しつつある」という意識が、私の内面にみちていて、それを歓びと感じ、誇りと感じている、という意味でこの規準からみるとまだ私は、数え年八十五歳になっても落第である。だからといってこれを今書かずにはいられない。その私を落第させる規準そのものが「私の在るべき姿」として聖書にしるされているからである。私は今中学二年のとき、教えられた『十八史略《じゅうはっしりゃく》』の序文のところを思い出す。そこには「無為にして化す」という言葉がしるされている。そのときはそんなことがわかっていなかったし、またわかるはずもなかった。今はそれが、この聖書の教えと同じだというのではないが、これに似た心境を教えたものであろうと思われる。不思議にも、罪に沈んでいる人間の間にも、一つの理想的な相、または悟りの極として、そう考えたものであろうと思う。

こうなってくると「革命的宣言」の対象としての神の国の「内容」たるや、実にむずかしいかな、と嘆声を発せずにはいられない。それは普通社会的「平等……」の実現された状態と言われているが、実はそんな安っぽいものではないことは、身にしみてわからせられてくる。

このことはさらに「一人の女がイエスの身体に香油を注いだ」という記事において示されている。これは全体として五カ所ある（マタイ二六・六―一三、マルコ一四・三―九、ルカ七・三六以下、一〇・三八以下、ヨハネ一二・一―八）。これらは相互に、そこにある人物、そのことの行なわれた状況、その女の属性などにおいて差異があるが、その女がイエスの身体に香油を注いだという点、およびこれに対するイエスの賞讃の言葉とが共通点となっている。この一連の記事は人によっては同一の出来事の異なった伝承であるとしているし、他の人々は異なったものとし、その手がかりとして、その女の「属性」の差異をとっている。だが私は今これらを、その共通点において取りあげ、そこに示されている、主たる教えを見たいと思う。

まず「一人の女がイエスに価高き香油を注いだ」という点である。これの動機については、これらの記事すべてにおいて、「感謝」のためとしている――しかしその動機そのものの発生原因としては、罪ゆるされたためとする者と、その兄弟が死より甦えらされたためとする者との別がある――しかし今はそれを問わない。ただ「感謝」は、他の一切の関係については、全く意識せず、「ただ感謝のため」とされている点に、われわれの注視を向けたい。これがこれに対するイエスの認容、または賞讃の言葉に示されているように、対イエスの正しき態度、またはその感謝の表現であるとされている。これがこの物語全体の「主要点」である。

ところがこの女の行為に対して、弟子たち（またはユダ）の非難の言葉が注意される。すなわちそれは「貧者に対する施し」という点から、この女の行為を無駄だとする見方から出たものである。これはキリスト教二千年間の歴史において、くり返して起こった議論である。すなわちキリスト教を社会的関心においてその価値を見るか、それとも、それを教会的または個人的な感謝から出る表現として——私はここで「敬虔」という語を用いたいのだが、これは今日、神学的に軽視されるので、これは用いない——見るかという論争である。もちろんこれは、つまり、一方は感謝において実践を、他方は実践において感謝を見ているちがいだが、しかしその重点の置き方の差が問題である。だが私はここでこの物語の焦点は、どうしても、「感謝の表現」が主で、その実践は従であると思う。そしてさらに、その表現そのものが、どこまでも主であって、従たる実践を、考えることさえなく行なわれたものだとする点にあると考える。すなわちそれは前述してきた「無意識に表現された敬虔」であるという点にイエスの賞讃点がみられる。それは二つの点において——一方には「わが葬りの日のためにこれをたくはへたるなり。貧しき者はつねに汝らとともにおれども、我はつねに居らぬなり」という点で、他は彼女の行為が「何処にても、福音の宣べ伝へらるるところには……記念として語らるべし」という点である。

これらの言葉や出来事によって示されることは、イエスがどこまでも神の国の民たる者は、此岸（この世界）において生きる時、どこまでも彼岸的（神の国実現の時）規準によって生きるべきものと考え、それをしかもほとんど「それとしてさえも意識しないで行為する」というように、考えかつ教えたものと思う。

この神の国の「内容」について、次に注意させられるのは、その主たるイエスを「主」とし、それによって他者に対して「仕える」ということの教えである。ここで最初に問題となるのは、「仕える」といっても、「誰に?」または「何に?」という点が、まずわかり切ったようであるが、明らかにされなければならない。当時のユダヤ人にとっては、「富」が、彼らの生きるための唯一の力であったということができる。すなわち政治的に手足をのばす場を与えられていなかった彼らは、富によってその場をつくらなければならなかった。したがって、「富に仕える」ということは、彼らの生きがいを感じさせるための大きな力の出所であった。山上の垂訓中に、「汝の財宝のあるところには、汝の心もあるべし」と言われ、「人は二人の主に兼ね仕ふることあたはず……汝ら神と富とに兼ね仕ふることあたはず」(マタイ六・二一、二四)と言われているのは、特に当時のユダヤ人に対して重要な警告であり、その意味において神の国の内容としての重要な点であった。

この他者に仕えるということは、「自己を高しとする心」からは出てこない。すなわち「私は高い人間だが、低い彼らに仕えてやるのだ」という意識から出るものではない。ここにむずかしさがあった。ところが当時のユダヤ教徒が常に陥りやすい点は、「他者を審く」または「他者の価値を定める」ということで、それには「自己を高しとする」心理的原因があった。山上の垂訓中「汝ら人を審くな」というのは、それを戒めた言葉であった(七・一以下)。

この「人を審くな」という戒めは、それがただに「他者に仕える」ということに背反するだけでなく、ひいてはイエスに従う者の中で、お互いにその信仰の「真偽」を定めようとする誤りについての教えに現われている。前述の「毒麦の譬え」（マタイ一三・二四―三〇）は、これを言ったものである。ではこの「他者への奉仕」とは、どんなものかということが問われる。それは旧約の「マナを集めた話」（出エジプト記一六・四―二〇）に示されているように、一言で言えば、「弱者の弱さを強者が負い、愚者の愚かさを賢者が負う」ということである。これが福音書には、「ぶどう園に雇われた労働人」（マタイ二〇・一―一六）の譬えとして語られている。すなわち朝早くから働いた者が、遅れて働いた人間と、同じ賃金をもらったことに対してつぶやいたことに対する教えである。換言すれば神の国に住む者は、相互にその特徴と、その尊厳性とを認め合うことによってのみ、真の神の国の「住民」たりうるのだという、イザヤ書十一章の「狼は小羊とともにやどり……」という、そこにおける「共存共栄」が実現されるのだという預言者の見方がここに生かされているわけである。したがってこれは「他者を赦す心」として教えられている。同じく山上の垂訓において、「主の祈り」として示されているように「我らに負債ある者を我らの赦したる如く、我らの負債をも免じ給へ」といわれている点に現われている。ゆえに「他者に仕える」ということは、「自分は高いのだが、低い者をたすけてやる」といったような優越感から出ることであってはならないということである。すなわち各自が弱い者である、各自が愚かな者であり、各自が罪ある者である、という自己に対する神の国的認識のもたれているところから出るのだという意味である（マタイ六・一二、五・三九以下、四三以下、一八・二一―三五等）。

これら一切の教えが、当時のユダヤ教全体に対して、その「価値規準」と「価値体系」とを、全く顚倒させる教え、すなわち「革命的」であったことは言うまでもない。イエスの神の国宣教に対して、当時の宗教家たちが――相互間では分裂し、闘争していたにもかかわらず、結束して反対し、極力その宣教を妨害した原因はこの点である。そしてそれが、血は流さないが、涙を流すまでにくやしがらせ、反発させずにはおかなかった「革命」の企てであったことがよくわかる。

イエスのこの宣教が、血を流すものでなく、また政治的なものでなかったことは、前章で彼の「血を流さない革命」であったことが知られる。さらにこの意味でイエスの福音宣教が、「対政治態度」においてのべた点で明らかである。

ところが、上述のように、一応決定的にのべはするが、そこにこれを「否定するかのごとき」一つの疑問が起こる。それは「バプテスマのヨハネの時より、今に至るまで、天国は烈しく攻めらる。烈しく攻むる者はこれを奪ふ」（マタイ一一・一二）という言葉の解釈の問題で、その解釈のいかんによって、前述の私の福音宣教が、非暴力的または非流血的「革命」だという結論は、くつがえされることになりうるという困難である。この言葉は昔からその解釈が非常にむずかしく、ストラートマンも、これをこれこそ実に「謎めいた発言」であるとし（"Hiervon redet ein weiterer Rätsel-spruch"）、さらに「この十二節の解釈は、福音書解釈における最も困難な問題に属している」

と言い（"Die Auslegung von V. 12 gehört zu den schwierigsten Fragen der Evangelien-Erklärung"）さらにつづいてこの「攻むる者という語は何を意味しているか？」と言っている（"Was aber bedeutet dies Wort von den Gewalttätern?"）。彼がそのNTD・*I*（一四四頁）の解説に言っているように、この「攻むる者」を、神の国に入らんとする者をさして言うのか、あるいは外界の反対者が神の国を攻撃する者をさしているか？　という正反対の解釈がありうる。言うまでもなく、この相反的解釈のいずれかによって、当時の神の国宣教の仕方と、これに対する外界人の態度とがきまってくる。この決定困難な解釈に対して一つ参考になるのは、イエスが悪鬼につかれた者からそれを追い出したとき、その反対者が、彼は悪鬼の首《かしら》ベルゼブルによってなしたのだと誣告《ぶこく》（故意に事実と異なる内容で、人を訴えること。）した。その時イエスが言った「もし私がサタンの霊を追い出したとすれば、悪鬼の国は二つに分裂することになる、そして分裂する国は必ず滅びる、そんなことはありえないではないか」という意味のことを言い、それにつづいて「我もし神の霊によりて悪鬼を追い出さば、神の国は既に汝らに到れるなり」（マタイ一二・二八）と言った。これは明らかに前節の「攻むる者」なる語が、内側の、または神の国に入る者の意味となる――少なくともそう解釈させる参考となり、手がかりとなる。

私としてはこれを「神の国に入ろうとする者」と解釈するのが正しいと思っている。しかしそうだとすると、この「攻むる者」のそこへの入り方は、「暴力による」かのごとき印象を与える。

そこでこの「暴力」の行なわれたような印象を与える言及が、他にあるかどうかをしらべると、それは全く見当たらない――これへの平行節はあるが。

そこで考えられるのは、福音宣教を語っている場合、あたかもそこに「暴力」があったかのような印象を与える言葉は、書簡においては、これを「戦闘」またはそれを意味する語によって表現しているということである――「神の示教《しめし》に逆ひて建てたる凡ての楼《やぐら》を毀《こぼ》ち、凡ての念を虜《とりこ》にしてキリストに服《したが》はしむ」（Ⅱコリント一〇・五）とか、「天の処にある悪の霊と戦ふなり」（エフェソ六・一二）とか、「われ善き戦斗をたたかひ」（Ⅱテモテ四・七）とか、「汝らは罪と闘ひて未だ血を流すまで抵抗《てむかい》しことなし」（ヘブライ一二・四）とか、かなり多くの言葉が見出される――しかしこれらはすべて、その前後をみれば、字義通りの暴力をさしているものではないことは明らかである。してみれば前述の「困難な言葉」を、内側のものまたは神の国に入る者の「入り方」を言われたものとしても、それが字義通りの意義でなく、また暴力や流血をさしたものでないことが明らかであると思う。

ただしかしここに次の問題が起こる。そしてそれは二つで連続的な問題である。その一は神の国到来はふつう「終末」または「歴史末」のことと考えられているが、これは現時点におけるそれをさしているということ、その二はそれを包含している神国観で、神の国があたかも植物または野菜の成長のように、現時点において「種がまかれ」かつ「成長しつつある」という点である。

第一の点は、よく考えれば当然だとも言えることで、イエスが神の国の「証し」のためにその弟子たちを遣わしたことからみて、それを受けいれた者が皆無であったとは考えられない。それがあったとすれば、それが「種」となり、現時点において成長しつつあると言うことが、言うまでもなく考えられなければならない。だとすれば、それに「入った者」が、それとして数えられる筈である。その二は、それにつづいて、「神の国の成長」が考えられることにならざるをえない。

右の二点が考えられると、イエスが「みよ、神の国は汝らの中にあるなり」と言った言葉は、——問題はこの「中」(entos)の解釈にかかっているが——反問者パリサイ人の「間」に立っているイエス自身であるとする解釈が、多少「もって回った」論理にはなるが、正しいと結論されるようになる。ひいてはこのことが、書簡における、その主題たる「教会」に対してどんな意義と位置とをもっているかという、次の問題となってくる。

私のこの困難なるイエスの言葉の解釈に対する結論が正しいとすれば、こんな非暴力的にして、非流血的「革命」を強く打ち出しているイエスは、では「どんな自覚」をもっていたか？ そして、その自覚から「どうしてそんな革命の教え」を語ったのか？ という問いが次に起こってくる。

このイエスの自覚の問題は、かなり古くから、聖書学界、または神学界で反復された問題であった。それは一言で言えば、イエスの「メシヤ的自覚」の有無の問題となる。言うまでもなく、バル・コクバのように、「戦闘的メシヤ自覚」のような場合がありうるからである。そしてそれは論じ尽くしたとも言えるほど、論じられてきた。それを今ここでくり返す必要はない。これに対して、否定した学者もあれば、肯定した学者もある。そしてその中には優秀な業績を公けにしている学者もある。したがって私がここで述べたいのは、対ユダヤ教意識をもって書かれたというマタイ福音書著者の見方——今までもそうしたように——について見てゆきたいと思う。というのは福音書中「対ユダヤ教」意識を最も強く示しているのが、このマタイ福音書だと言われているからである。

このイエスの「福音宣教」による無血革命の企ては、その時代に対しては、ほとんど否定的印象以外には与えなかったようである。弟子たちに対するそれも、きわめて浅薄なものであったらしい。そのことは時にルカ福音書の著者が語っていることである（一八・三四、九・四五）。それは一に、そこにはいまだ「十字架」と「復活」という事実が理解されなかったためであるように見える。ことに十字架については「主よ、然《し》かあらざれ、この事汝におこらざるべし」というペテロ（ペトロ）の語ったという言葉が示しているところである（マタイ一六・二二）。このことは次に不思議な一つのことに、われわれの注意をひきつける。それは一言でいうと、イエスの宣教時代を通して、そこに一人も「殉教」の死をとげた者がなかったということと、それが起こったのはペンテコステにおける教会創設以後のことであったということである。この意味でキリスト教理解ひいては、新約神学理解において、イエス時代と使徒時代とを、差異づける重要な一点であるということである。

ところが「諸書簡」の部分をみると、そこには神の国到来の「切迫感」が、生き生きと語られ、かつ切実にうけとられていたことが感じられる。「なんじら時を知る故に……夜ふけて日近づきぬ」（ローマ一三・一一―一二）と言われている。だがこの神の国の「切迫感」という用語は一つの限定を必要とする。福音書の場合には、字義通りのそれだが、それには「来りつつある神の国」という考え方が付着していたので、その切迫感には多少ゆるみがなかったとは言えないと思う。しかるに書簡の場合には、「神の国到来」は、字義通りのそれで、そこにはゆるみがない。のみならずその「神の国到来」は、字義通りのそれとしてというよりは、昇天されたもうた主キリストの「再臨」待望の緊張感で（使徒言行録一・八―一一）、換言すればキリストの再臨によって、はじめて神の国の具体的実現があるというのであって、その待望緊張の前面には「なつかしき主の再臨があった。この意味で福音書と書簡との「待望・緊張」の間には、かなり濃いちがいのあったことが注意されなければならない。この意味でパウロは、「今よりのち義の冠わがために備はれり。かの日に至りて正しき審判主なる主、これを我に賜はん」と言い、さらにその次に「ただに我のみならず、凡てその顕現を慕ふ者にも賜ふべし」（Ⅱテモテ四・八）としるしている。この「慕ふ」という語は agapao の変形で、邦語でいう意義のままの「なつかしさ、恋しさ」を示す語である。ここには明らかに福音書における神の国待望者の「気持ち」と、書簡における再臨待望者のそれとが、異なっていることが用語においてさえ現われている。このことはさらにイエスの在世時代には「殉教者」が出なかったが——出なかっただけでなく、弟子たちは恐れおののいて四散したとさえ言われている(ヨハネ二〇・一九、二一・一以下)。この事実に対する重要な原因を与えているものとしての「主を慕ふ情緒」の位置がここに教えられている。

この事実は同時にそれぞれの「時代感覚」に差異を与えている事実と原因とを示すものである。イエス時代においては、イエス自身が「神の国自体」であるとしたことと、その教えが対ユダヤ教的「革命感」を与えたために、不断に弟子たちの「危機感」を強めることとなっていた。もちろんそれが最後には十字架とすらなったのだから、この危機感には当然性があった。

だが書簡時代になると、前述のように、「主の再臨」までは、神の国到来は実現しない、と考えられていたし、その意味で教会の宣教からは、神の国はいわゆるその宣教の背景に退かされるようになっていた。これのために両時代の間には、「時」または「時代」に対する感覚が大きな差異を与えるようになってきていた。前述のパウロの言葉のように、「時は迫った」と言っても、イエス時代においてはそれが同胞ユダヤ人と共通に待望した政治的・社会的な神支配の実現を意味したから、そこには常に「非常時感」があった。しかるに書簡時代においては、待望は待望でも、それは教会のみのそれで、周囲の異邦人には迷信としてしか受けとれないことで、彼らにとってはナンセンスでしかなかったから、それがための特別な迫害ということはなかった。したがって緊迫感をもちながらも、そこには「非常時感」はうすかった。これが書簡時代または使徒時代における対官憲服従の信仰的心理的原因となっていた（ローマ一三・一以下等）。

新約聖書の「非常時」に対する教会の態度、または「無血革命」についてしるしている書物は、黙示録である。この書の最初の部分は「七教会に対する書簡」の形をもっているが、しかしそれが終わり、「教会が携挙」されたあとのすべての言葉は、このことの叙述である。この書の著者と年代に関しては諸説紛々であるが、私はこれに対して結論的に、「ネロ時代に書かれたヨハネと名乗る人物の筆になるもの」と考えている。ということはしかしその内容の一切が、その時代のことの象徴的表現だとは考えていない。

このネロ時代という結論が出されたのは、本書中に言及されている「獣の数字は人の数字にして、その数字は六百六十六なり」（一三・一八）という言葉によっている。この数字の解釈については、周知のようにその数も種類も非常に多く、「六百六十六種」あると、半分諧謔《かいぎゃく》をこめて言われている程である。しかしこれについてはその結論の理由が他の関係でのべられているので、ここには紙数のためそれにゆずることとする（『渡辺善太全集』第六巻、五六〇頁以下、ヨベル新書版著作選第6巻参照、現在編集中。）。

次に本書の全体的解釈に対する「鍵」として、私は「この後われ見しに、視よ、天に開けたる門あり、初めに我に語るを聞きしラッパのごとき声いふ、『ここに登れ、我この後おこるべき事を汝に示さん』。直ちに我れ御霊に感ぜしが」（四・一―二）という言葉に見ている。これが教会の「代表」としての「預言者ヨハネ」の天への携挙が示されている言葉だと思っている。

ここで私は一つ告白したいことがある。それは教職として使命を与えられる前読んだ書物が、いかに強くその人の生涯を支配するかという一点である。確か回心後四年ぐらいで、明治学院神学部時代、*Seiss: Lectures on Apocalypse*（3 vols）を誰かに教わって読んだ。そこに私が「鍵」として選んだ言葉の解釈が上述のように与えられていた。私は最初の回心を味わせられた教会が、最右翼の教会であったので、「キリスト再臨」が、その重要な教義の一つとして教えられていた。それがこの書を読ませられる機縁だったと思う。それ以来、少しおこがましいが、聖書学に志した私は、黙示録に関する注釈その他をかなり多く読み、そして多くの解釈上の諸学説を学んだ。しかしそのどれもが、この書ほど私に解釈上の正しさを、説得的に了解させるものには出あわなかった。それが今日まで――その他の多くの点については、その最右翼の教えそのものは、とうに忘れ去ったが、ある点については、その強調があまりにこっけいであるとさえ感じてきたのだが、この黙示録に関する限り、この書がどうしても解釈的に正しいということが、私の頭から離れないでいる。ついでだが、当時内村鑑三先生の住居から近いところに、私は住んでいたので、先生も時々拙宅を訪問された——この点については他の関係で数回しるしている。その時私はこのサイスの本を先生に紹介した。たぶん先生はこの示唆を確かめるため、関係者にいろいろ聞かれたことだと思う。数カ月経つとまた拙宅を訪問され、「渡辺君、あのセイスの黙示録は、とてもいい本だね。僕もあれを数回通読した」と言われたことを記憶している——私はこれをドイツ語流に「サイス」と発音し、先生は英語流に「セイス」と発音されたことが、今なお私の記憶に新たである。するとそれが大正六年正月の中田重治・木村清松両氏と合同での神田ＹＭＣ講堂における「再臨大講演会」となったのであった。

こんなことをなぜ書くかというと、信者になりたての青年に対しては、わかりやすいということが条件だが、どんな点についてでも牧師自身が信仰的に最もよいと思う本を読ませるべきだということを痛感しているからである。

上述の黙示録に関する年代および鍵となるべき解釈上の結論は、しかし本書の内容のすべてがその時代のことをのべているものだとは、私は考えていない。このことは本書の結論が新天新地の到来と、教会が新婦の装いをもって天より降るということなど、ネロ時代の言及に端を発してはいるが、しかしその全体的叙述は、単にそれを手がかりとしているというだけのことで、その範囲をはるかに超えているからである（一九・六—八、二一・一以下）。

次に本書全体のそして私が本書をここに解釈する内容全体に関する理解の「鍵」となるべき言葉として、「兄弟たちは羔羊《こひつじ》の血と己が証しの言とによりて勝ち、死に至るまで、己が生命を惜まざりき」（一二・一一）という言葉をあげておく。すなわちこの非常時の迫害下において、キリスト者は、十字架と証言の言葉のみによって、これに対し、それに勝ったというのである。その「勝った」ということは、具体的に「大いなる竜、すなわち悪魔と呼ばれ、サタンと呼ばれたる全世界をまどわす古き蛇は落され、地に落され、その使たちも共に落されたり。我れまた天に大いなる声ありて『われらの神の救と能力と国と神のキリストの権威とは、今すでに来れり。我らの兄弟を訴へ、夜昼われらの神の前に訴ふる者落されたり……』」（一二・九―一〇）と述べられている。ここで問題になるのはいうまでもなく――もし前述の教会携挙の解釈が正しいとすれば――どうしてその後の状況の叙述に、キリスト者が言及されているのか？　また彼らが十字架と証しの言葉によって勝ったということは、いったい何に言及しているのか？　さらに何を言わんとしているのか？　という点が困難であるという一点である。

この一つの困難の存在を認めながら、しかしその迫害下においてすら、これらキリスト者が、その迫害に対して、何ら「外的力」を用いることなく、ただ「十字架と証しの言葉」とによったという言明は、私がここに問題としている、どんな「非常時」における「迫害下」においても、くり返していうが、外的力によっていないと言うことの証拠にはなりうると思う。換言すれば、ひいてはキリスト教は、これまでのべて来たように、「革命」の教えではあるが、しかしそれは「無血」のそれであるということが、イエスがゲッセマネの園で捕えられるとき、ペテロ（ペトロ）の剣を振った際「剣をとる者は剣によって亡ぶるなり」（マタイ二六・五二）と言いたもうたことに、実に具体的に表わされている。ここでくり返して留意すべきことは、キリスト教なるものがその時代の体制に対し、これを改めさせるために教えられる「革命的信仰」ではあるが、それはどこまでも、「霊力」または「精神力」により、「無血革命」を目標とするものであって、一切の「物力」によるそれではなく、さらに「流血」の惨事を惹起するという、いわゆる一般的革命ではない、という点である。

本項の終わりにあたって、神話的表現として軽視または否定されてきた「政治・権威・此の世の暗黒をつかさどる者、天の処にある悪の霊」（エフェソ六・一一以下）というパウロの言葉が、今日「国家悪」においてそれ自身を具現しているということが、宗教哲学者によってすらのべられ、これを否定または軽視することがいかに誤りであり、そしてそれこそ教会の力を弱めるものであるかを示していることに注意したい。それは信《し》太《だ》正三《しょうぞう》著『宗教的危機と実存』（1914 - 1972）という論文集の「国家悪と人間悪」という一論文中にのべられている、その全体的主張でもあり、そしてそれを凝集した一部分を次に引用したいと思う（一九六三年、理想社版・二〇八頁以下）。

この一論文において、著者はその主題を論じ、「二十世紀に入ってすでに、両次の世界大戦に生死を賭けて闘い、多くの兄弟の犠牲の上に生き残った現代のわれわれにとって、国家悪との対決は『歴史の運命』に属する問題だと言える。ところで、国家悪とは何を意味するであろうか。国家悪は一方において、国家の行なう悪しき所業とみられるが、他方において、国家存在そのものの根本的悪性としてうけとられる」と言い、国家悪が何を意味するかを本質的に答えている。しかしそこには「国家の機能——善をもなしうる」という一点をのべている。「現に国家人たるを脱しえないものであるわれわれは、自己の悲痛な国家体験を濾過した内側から、巨大な固形態のごとき国家悪と主体的に撞着する点まで達せねばならない」と、われわれがこれを単に客観的に見るだけでなく、主体的に見なければならないことを力説している。

すすんでこの著者は次のようにのべている。

「キリスト教的観点をはなれて見ても、『深淵よりの怪獣』（ヨハネ黙示録）というリヴァイアサン的性格は、国家の骨髄にある。ほとんど必然的ともいうべき国家悪の現われは、そこに根ざしている。いわゆるキリスト教的ブルジョア国家も無階級国家も、今あるごとき国家であるかぎり、このリヴァイアサン的本性を排脱できるものではない。もし排脱できると思うなら、それこそ現実に盲目なユートピア論をもてあそび、色のあせた理想主義的国家の白日夢に脚下の悲劇の根を忘失するものというしかない。もちろん、国家が神の応現の客体化でもなく、また天使的な霊的実体でもなく、人間の手になる人間支配の政治権力組織体にほかならぬ以上、つきつめて言えば、国家悪の所在も、人間悪をおいて他に求めることが不可能である。この組織体の中枢にいすわり、これを操縦して、戦争を中心にした諸悪を行なうものは、主として軍事、経済、宣伝の三位一体的な権力を手中にした特権支配階級であるが、しかし、この組織に呑みこまれ、国家的に動員されてゆく被支配大衆も国家悪から洗い浄められている存在であるわけではない。この際、政治支配者を酔わしめる権力の魔酒、また、その魔酒に蝟集《いしゅう》（ハリネズミの毛のように、一時に1か所に、多くのものが寄り集まること。）しようとする人間の権力欲のデーモンを凝視することが、国家悪の人間悪的基底にメスを入れるうえに、特に必要である。

ヘンリー・アダムズ（Henry Brooks Adams, 1838 - 1918）の言葉を借りれば、『だれでも権力を持ち名が売れてくると、自我という一種の腫瘍を一段と悪化させるもので、これにかかった人間はついには同情心を抹殺されてしまう』。権力が、その把持者《はじしゃ》を人間的に堕落させる魔性をたたえたものであることは、古来ひとの知るところである。権力の所有は、たしかに、人を倨傲《きょごう》にし、非情にし、残忍にし、自己神化をさえなさしめる。権力機構が国家という大きなメカニズムにまで仕上げられて、絶対主権の権威の名のもとに作用するとき、どのような人間性失墜の現象が起こりうるだろうかは、それゆえ推して知ることができる。しかしわれわれが、このことを目前の権力者の側にのみ認めて、人間としての自己の身を一顧だにしないとすれば、無反省の謗《そし》りを脱れえまい。メカニックな組織悪や公然の権力を把持する特定の個人の堕落を見ることにおいて、同時に、否その前に、およそ人間なるものにおける《自我という一種の腫瘍》があることに気付かねばならない。組織や権力者の堕落の根が、この自我という腫瘍の悪化のなかにあるし、同じく権力の魔酒に酔いたいというこの腫瘍のうずきが、われわれひとりびとりのなかにあると言える。組織のなかで大量に凝結し、権力者において大写しに現われるにしても、この腫瘍は、権力を得たいという無意識なまで深い欲求が、内面の基層から絶えずわれわれを、スポイルしているところにあるのではなかろうか。」（同二〇八―二〇九頁参照）

私がこの著者の論文の一部を、長々と引用したのは、これに照して、キリスト教学者の、この問題に対する認識がいかに甘いものであるかを示すためである。しかもこの論者が国家悪の問題を、旧約聖書の「レビヤタン」まで引用してのべていることは、これに対する解釈のいかんはさておき、聖書を教会とわれわれ自身の規準とする信仰を持つ者は注意すべきことだと思う（ヨブ記四一・一「勝ち目があると思っても、落胆するだけだ。見ただけでも打ちのめされるほどなのだから。」、詩編七四・一四「**レビヤタン**の頭を打ち砕き、それを砂漠の民の食糧とされたのもあなたです。」、一〇四・二六「舟がそこを行き交い、お造りになった**レビヤタン**もそこに戯れる。」、イザヤ書二七・一「その日、主は、厳しく、大きく、強い剣をもって、逃げる蛇**レビヤタン**、曲がりくねる蛇**レビヤタン**を罰し、また海にいる竜を殺される。」）。

ヨベル新書 94

渡辺善太著作選　15
善太先生「教会と政治」を語る　聖書による第三の立場

2024年3月1日初版発行

著　者 ── 渡辺善太
発行者 ── 安田正人
発行所 ── 株式会社ヨベル　YOBEL, Inc.
〒113-0033 東京都文京区本郷 4-1-1　菊花ビル 5F
TEL03-3818-4851　FAX03-3818-4858
e-mail:info@yobel.co.jp

印刷 ── 中央精版印刷株式会社
装丁 ── ロゴスデザイン：長尾優

配給元―日本キリスト教書販売株式会社（**日キ販**）
Tel 03-3260-56764　Fax 03-3260-5637
©2024, Printed in Japan　ISBN978-4-911054-13-0 C0216

聖書は日本聖書協会発行の『文語訳』『口語訳』『新共同訳』聖書を使用しています。

【書評再録・本のひろば2020年3月号】

聖書学者・善太先生の息遣いが聞こえてくる！

渡辺善太著作選 第14巻 『善太先生「聖霊論」を語る』

評者：辻 哲子氏

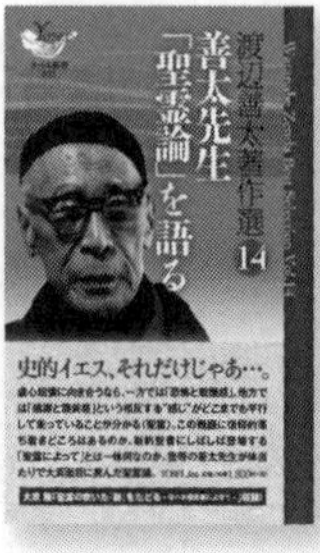

「聖霊に導かれ神の召しに応える」という主題を全国教会婦人会連合は今期（2020年度）の主題に掲げた。「聖霊」を私たちはどのように信じ理解し導かれているか。図らずも本書の出版を喜びたい。特に聖霊を神学として扱う書物が日本のみならず欧米の神学界も少ないからだ。本書の巻頭に「聖霊の吹いた『跡』をたどる――ヨハネ福音書によせて」大貫 隆氏の論文が掲載されている。その結びに、〈ブルトマンとケーゼマンの両者に共通するさらに大きな欠は、「体験」としての聖霊論がないことである。（福音書の）著者と教会共同体に「聖霊が吹いた『跡』」への

目配りは皆無である。――問題は本書の著者（渡辺善太）が畢生の課題とした正典論と密接に関連してくる――〈「神学なき体験は盲目であり　体験なき神学は空虚である」という言葉には、深く頷けるものがある」〉。

善太先生が語る「聖霊論」は、聖書正典に即して展開している。緒論はキリスト教理解において決定するものは聖霊である。「聖霊に感ぜざれば誰も〈イエスは主なり〉といふ能わず」（Ⅰコリント一二3）、この信仰告白がキリスト教の焦点でありもう一方、聖霊は「風の吹く如く」（ヨハネ三3）ため、その吹いた結果した「跡」からこれを推定するという二方面からの論及が必要であること。本論は、第一聖霊により聖書は記述され理解される。第三キリストに対する正しい認識は聖霊による――第六聖霊は地上教会の創設者である。第七教会の有するあらゆる「賜物」は聖霊による。第八聖霊は「われらの弱きを助け」る助け手として働く。第九聖霊は「霊の初の実」をもつ我らの肉体にまで再臨の準備として働きたもう。第十聖霊は宣教の熱情の証言者として働きたもう。これらの内容を各章で解説されている。

第一章キリストの共働体たる聖霊。共観福音書におけるイエスの生涯は、誕生、荒野の誘惑までは聖霊の言及が多いがその後「非常な権威者」として述べられていて、聖霊の言及がなされていない。しかし一回だけ「その時イエス聖霊によりて喜びていひたまふ」（ルカ一〇21〜）。ここに聖霊が一如・一体的にイエスに共存し共働したことを証している。

第二章教会の創設者たる聖霊。ペンテコステ以前は聖霊は特殊な人々のみに働いたが、信徒も「皆、聖霊に満たされ　臆することなく神の言葉を語り」教会の拡大が引き起こされた。

第三章キリストの証示者たる聖霊。旧約聖書のキリスト証言は聖霊によりてのみ解明される。第四章神意の解示者たる聖霊。キリストの昇天より再臨まで、教会とその肢である信仰者の救拯に関する一切の知識は聖霊の証示による。聖霊は特に教えずして教える三点①罪②義③審判について聖霊は神意の啓示者として伝える。第五章真理の解明者たる聖霊は真理なるキリストを「知ること」と「信じること」と行うこと」の「全人的救拯《きゅうじょう》」をなす。第六章救拯の成就者たる聖霊は①召し②義とし③聖とする。第七章嗣業の保証者たる聖霊はキリスト者に終末時の嗣業の確かさを知らせ、キリストの再臨、新天新地を仰がせる。聖書全巻にふれて聖霊の働きを述べている。

著者自らが正典としての聖書に虚心に「聖霊論」を語っている。改めて「聖霊に導かれる」とは一体何なのか。本書をお勧めしたい。聖書学者・善太先生の息遣いが聞こえてくる本書である。

（つじ・てつこ＝元日本基督教団 静岡草深教会牧師）

（新書判・二〇八頁・定価一九八〇円・ヨベル　税込）